Os Miseráveis
Entram em Cena

Coleção Estudos
Dirigida por J. Guinsburg

Equipe de realização – Edição de Texto: Luciana Araújo; Revisão: Elen Durando; Sobrecapa: Sergio Kon; Produção: Ricardo W. Neves, Lia N. Marques, Sergio Kon, Luiz Henrique Soares e Elen Durando.

Marina de Oliveira

OS MISERÁVEIS ENTRAM EM CENA

BRASIL, 1950-1970

CIP-Brasil. Catalogação na Publicação
Sindicato Nacional dos Editores de Livros, RJ

O48m
    Oliveira, Marina de
    Miseráveis entram em cena : Brasil, 1950-1970 / Marina de Oliveira. - 1. ed. - São Paulo : Perspectiva, 2016.
    142 p. : il. ; 23 cm. (Estudos ; 341)

    Inclui bibliografia
    ISBN 978-85-273-1058-1

    1. Teatro brasileiro. I. Título. II. Série.

16-33637   CDD: 869.2
                                                         CDU: 821.134.3(81)-2

07/06/2016   08/06/2016

Direitos reservados em língua portuguesa à
EDITORA PERSPECTIVA S.A.

Av. Brigadeiro Luís Antônio, 3025
01401-000 São Paulo SP Brasil
Telefax: (011) 3885-8388
www.editoraperspectiva.com.br
facebook/editoraperspectiva

2016

Sumário

Prefácio: Os Desvalidos do Campo e da Cidade –
João Roberto Faria XI

1. Os Miseráveis na Dramaturgia Brasileira............ 1

2. Os Desvalidos do Mundo Rural.....................11

    "Auto da Compadecida", de Ariano Suassuna 12
    "Morte e Vida Severina", de João Cabral de Melo Neto. . 18
    "Vereda da Salvação", de Jorge Andrade............ 26
    O Dilema da Terra e os Seus Peregrinos............ 34

3. Os Habitantes da Favela 41

    "Orfeu da Conceição", de Vinicius de Moraes,
    e "Gota d'Água", de Chico Buarque e Paulo Pontes ... 43
    "Pedro Mico", de Antonio Callado, e "Gimba",
    de Gianfrancesco Guarnieri...................... 55
    De Malandros Poetas a Malandros Bandidos:
    A Idealização do Morro, a Violência de Gênero
    e o Mito da Democracia Racial 66

4. Os Indivíduos dos Centros Urbanos..............79

   "Quarto de Empregada", de Roberto Freire.........79
   "A Invasão", de Dias Gomes......................90
   "O Abajur Lilás", de Plínio Marcos...............99
   A Casa em Ambiente Público....................105

5. Entre Severinos e Malandros, Domésticas
   e Prostitutas....................................109

Bibliografia..125

Para Mauro, pela cumplicidade.
Ao Ramiro e à Bibiana, pela alegria de existirem.

E, também, aos desvalidos da Terra,
meu respeito e solidariedade na busca
por um mundo mais fraterno.

Sei lá. Mas o mundo é grande. Tem que haver, em alguma parte, um lugar pra gente.

Malu, *A Invasão*, DIAS GOMES

PREFÁCIO:
Os Desvalidos do Campo e da Cidade

A fortuna crítica do teatro brasileiro não é pródiga em estudos que tratem de nossa dramaturgia. Por isso, é com imensa satisfação que redijo esta apresentação para o livro de Marina de Oliveira, no qual são analisadas e interpretadas dez peças teatrais que foram escritas e encenadas entre as décadas de 1950 e 1970. O recorte recai sobre uma produção que, ao longo dos anos, procurou trazer para o palco uma parcela da população brasileira, do campo e da cidade, marcada pelas condições miseráveis de sobrevivência. Com base em estudos históricos, sociológicos e antropológicos, mas sem perder de vista os aspectos estéticos das peças teatrais, a autora tece suas considerações críticas com acuidade, iluminando no interior dos procedimentos de criação artística as relações destas com a vida social. Obras e conceitos de Darcy Ribeiro, Heleieth Saffioti e Roberto DaMatta, entre outros, são requisitados para a compreensão dos processos formativos da sociedade brasileira e sua reverberação na construção das personagens das dez peças teatrais. Especial atenção é dada ao pensamento do último estudioso, do qual a autora aproveita principalmente a oposição que ele estabelece entre a sociabilidade da *casa* e da *rua*.

O *corpus* é de primeira linha, começando, em termos cronológicos, por *Morte e Vida Severina*, de João Cabral de Melo Neto, poema dramático escrito entre 1954 e 1955, e chegando a *Gota d'Água*, peça de Chico Buarque e Paulo Pontes, escrita e encenada em 1975. Além dessas duas incontestes obras-primas, os outros textos estudados são: *Auto da Compadecida*, de Ariano Suassuna; *Vereda da Salvação*, de Jorge Andrade; *Orfeu da Conceição*, de Vinicius de Moraes; *Pedro Mico*, de Antonio Callado; *Gimba*, de Gianfrancesco Guarnieri; *Quarto de Empregada*, de Roberto Freire; *A Invasão*, de Dias Gomes; e *O Abajur Lilás*, de Plínio Marcos.

A escolha das peças e autores não poderia ser melhor para o objetivo buscado pela analista. Estamos diante de um repertório que prima pela representação dos desvalidos dos mais diferentes matizes, todos massacrados pelas estruturas sociais que impedem o acesso à terra, o trabalho digno, a realização pessoal, empurrando-os para algum tipo de marginalidade. Vale lembrar que a dramaturgia brasileira moderna consolidou-se no período abordado neste livro e que as peças aqui estudadas trazem as marcas de um país em transformação. A consciência crítica do subdesenvolvimento, o nacionalismo de esquerda e o conceito de nacional-popular, nos anos pré-1964, e, logo em seguida, a resistência à ditadura militar e a crítica social balizam as criações dramáticas mais significativas daqueles anos. Trata-se de uma dramaturgia comprometida com o homem brasileiro das classes exploradas, sem acesso à educação, apreendido na concretude de seu dia a dia, nas suas relações afetivas e de trabalho ou, pior, na falta de trabalho, que o relega à miséria, à malandragem, ao crime e à marginalidade.

Para melhor explicar como essas dez peças teatrais criam um panorama da miserabilidade brasileira, Marina de Oliveira agrupa-as de acordo com as linhas fortes dos enredos, da criação das personagens e da espacialidade ficcional. Assim, estabelece paralelos entre as obras que tratam dos despossuídos do mundo rural: *Auto da Compadecida*, *Morte e Vida Severina* e *Vereda da Salvação*. E sem deixar de apontar o que é específico de cada uma – como a comicidade da primeira, por exemplo –, busca as convergências que as aproximam enquanto textos que tematizam o homem do campo fortemente marcado pela religiosidade, pela necessidade do deslocamento e pela impossibilidade de possuir um pedaço de terra. O Severino de João Cabral, o cangaceiro de Suassuna e os meeiros de Jorge Andrade são personagens por meio das quais os escritores abordam e denunciam a velha estrutura agrária do país, baseada no latifúndio, de acordo com a certeira interpretação da autora.

Os desvalidos da cidade aparecem em maior número e são considerados em função do espaço social em que vivem: a favela ou o centro urbano. No primeiro caso, estão as personagens de *Orfeu da Conceição*, *Pedro Mico*, *Gimba* e *Gota d'Água* – esta se passando num conjunto habitacional bastante precário, não muito diferente de uma favela. As personagens são estudadas por meio de três elementos que as caracterizam: em primeiro lugar, o estereótipo de que o morro é habitado por malandros (poetas, criminosos ou biscateiros), e por "mulheres de malandros" (empregadas domésticas ou prostitutas); em segundo, a violência contra a mulher, que explode nesse meio marcado por forte machismo; e, finalmente, a ligação popular com os cultos de origem africana.

Os paralelos estabelecidos entre as peças são muitos, uma vez que ao menos duas delas sempre compartilham traços comuns, como a presença de "malandros poetas" em *Orfeu da Conceição*, *Gimba* e *Gota d'Água*. O que chama a atenção no estudo das peças desse segmento é como a autora potencializa o significado de crítica social que elas trazem em seus enredos e tipos, retratando um país de imensas desigualdades. De um modo geral, as personagens são vítimas de todo tipo de violência, seja de gênero, seja de classe, embora por vezes deem o troco na mesma moeda, configurando assim uma ambiência permeada pela opressão e pela agressividade.

No segundo grupo dos desvalidos da cidade estão as personagens das peças *Quarto de Empregada*, *A Invasão* e *O Abajur Lilás*. A primeira põe em cena duas empregadas domésticas e suas frustrações pessoais, agravadas pela baixa remuneração e pelo exíguo espaço que dividem e que dá nome à peça; a segunda reúne um grupo de personagens que saíram de uma favela e ocuparam o "esqueleto" de um prédio abandonado na cidade, onde vivem apreensivas com a possibilidade de serem expulsas; a terceira é a mais violenta de todo o conjunto estudado: um cafetão e seu ajudante exploram três prostitutas, submetendo-as a todo tipo de humilhação e ameaças. O que unifica as três peças, na visão da autora, é o fato de que a precária situação financeira das personagens abre caminho para um conflito de classes, seja pela insatisfação e impotência diante da impossibilidade de ascensão social em *Quarto de Empregada*, seja pelas possibilidades de confronto com o cafetão explorador em *O Abajur Lilás*, ou, ainda, pelo impasse provocado pela ocupação de um prédio em construção em *A Invasão*.

Vistas em conjunto, no quarto e último capítulo do livro, as dez peças revelam mais afinidades entre si do que diferenças, principalmente no que diz respeito às personagens, tanto do campo como da cidade. O ponto alto do livro está na capacidade da autora de estabelecer os elementos de contato entre todas elas, fazendo com que as vejamos não só em seus respectivos segmentos, mas também em segmentos diferentes. Assim, há "malandros bandidos" em *Auto da Compadecida* e em *Pedro Mico* e *Gimba*. Da mesma forma, há "trabalhadoras domésticas" que habitam a favela e a cidade, como há "profetas" no meio rural e no meio urbano. O leitor perceberá como o último capítulo amarra as análises e interpretações que o precederam e como é rica a tipologia estabelecida para a compreensão do papel social das personagens nas dez peças analisadas. Louvo aqui a sensibilidade de Marina de Oliveira para a leitura do texto dramático e o esforço despendido para dar unidade e organicidade ao seu livro, que seguramente será apreciado pelos estudiosos do teatro brasileiro e por todos que queiram conhecer melhor uma parcela importante da nossa produção dramática.

João Roberto Faria
Professor titular de Literatura Brasileira
da Universidade de São Paulo

1. Os Miseráveis na Dramaturgia Brasileira

É possível afirmar, de modo genérico, que as figuras marginalizadas estiveram presentes desde os primórdios da dramaturgia brasileira. Entretanto, até o início do século XX, elas apareceram de modo predominantemente periférico, sem atingir o *status* de personagens principais e, quando conquistaram maior importância, foram retratadas de forma romantizada ou estereotipada. A proposta deste livro é analisar, por meio de dez peças teatrais, a presença de personagens miseráveis na condição de protagonistas na dramaturgia brasileira de 1950 a 1970.

Importa destacar dois aspectos acerca do estudo: primeiro, que ele se configura como uma releitura de minha tese de doutorado intitulada, *O Espaço dos Miseráveis no Teatro Brasileiro nas Décadas de 1950 e 1960*[1]. O desejo de resolver questões consideradas inacabadas na tese e de ampliar o período de investigação resultou na reformulação da pesquisa, que foi contemplada pelo Edital Universal do CNPq; segundo, ele enfoca a dramaturgia (na acepção de texto publicado) e não

---

1 A tese recebeu a orientação de Luiz Antonio de Assis Brasil e teve financiamento do CNPq, sendo defendida no ano de 2010, no Programa de Pós-Graduação em Letras da Pontifícia Universidade Católica do Rio Grande do Sul (PUCRS), na área de concentração em Teoria da Literatura.

a encenação das peças. Tendo em vista as inúmeras possibilidades hermenêuticas que diferentes montagens desses textos desencadearam ao longo do século XX no Brasil, nota-se a inviabilidade de analisá-las como espetáculo. Examinar a dramaturgia enquanto texto publicado já constitui importante material reflexivo sobre como a sociedade brasileira representou os seus marginalizados.

Nas primeiras décadas do século XX, a comédia de costumes era sucesso no teatro brasileiro. Nela já havia personagens desafortunadas, mas a serviço dos protagonistas de vida mais estável. Miriam Garcia Mendes aponta a tentativa da estereotipia de figuras negras na dramaturgia nacional, sendo nítida a tendência de enquadrá-las em certos chavões de submissão, como "fiéis servidores de família"[2], responsáveis pela parte cômica das peças. Os modelos geralmente variavam entre "as criadinhas, ora sapecas, ora ingênuas, os mesmos moleques sabidos, ou não"[3], e os negros ou as negras velhas que, na condição de antigos escravos, mostravam-se sempre dispostos a ajudar o "sinhô" ou a "sinhá". Não por acaso, a autora afirma que, em linhas gerais, esse era o panorama do teatro do país durante as décadas de 1920 e 1930, "com a comédia de costumes dominando a cena brasileira, tornando-a retrógrada e estagnada, alienada do que acontecia não só na Europa como a seu próprio redor"[4].

Propondo uma estética diferente da usual, *Adão, Eva e Outros Membros da Família*, de Álvaro Moreyra, cuja primeira edição é de 1929, foi um dos primeiros textos brasileiros a colocar personagens desafortunadas na condição de protagonistas. Na peça, um ladrão, uma prostituta e um mendigo são as figuras centrais do drama que, de modo inesperado, transformam-se, respectivamente, num proprietário de jornal, numa atriz famosa e num dono de uma agência de informações. As personagens, tipificadas, são nominadas apenas como "Outro", "Mulher" e "Um". Conforme aponta João Roberto Faria, a peça antinaturalista de Álvaro Moreyra sofreu influências do modernismo, apresentando "uma linguagem, personagens e problemas que de

---

2 M.G. Mendes, *O Negro e o Teatro Brasileiro*, p. 32.
3 Ibidem, p. 35.
4 Ibidem, p. 21-22.

fato não tinham ainda aparecido na dramaturgia brasileira"[5]. E continha personagens desafortunadas construídas sob o ponto de vista simbólico, a partir de uma estética ainda desconhecida do público. Embora não levantasse nenhuma bandeira social e nem tivesse preocupações com a verossimilhança, o texto representou uma tentativa de mudança de paradigma em relação ao que vinha sendo feito no país.

É no ano de 1932, todavia, que um mendigo leitor de Marx surge como sinalizador de uma mudança no que se refere ao espaço concedido aos oprimidos na trajetória do drama nacional. Tido como o primeiro texto teatral com temática político-social explícita, *Deus Lhe Pague*, de Joracy Camargo, revolucionou os parâmetros da dramaturgia brasileira. Montada pela Companhia Procópio Ferreira, a peça tem como protagonista o operário Juca, responsável por criar uma máquina capaz de substituir vários trabalhadores. O invento acaba sendo roubado pelo dono da fábrica que, injustamente, acusa o funcionário de ladrão. Juca fica preso durante seis anos e, ao sair da cadeia, desiludido com a sociedade, decide "trabalhar" como mendigo nas portas das tradicionais igrejas da cidade. Com o passar dos anos, o ex-presidiário torna-se rico com as esmolas, além de conquistar uma bela jovem por meio do dinheiro e da inteligência.

A ação da peça acontece no momento em que o mendigo, já milionário, ensina sua filosofia de vida a outro pedinte, ao mesmo tempo que tenta, através de seus discursos retóricos, manter o vínculo com Nancy, sua jovem companheira, que nada sabe sobre o seu ofício. Destaca-se, na peça de Camargo, a passagem em que Juca fala a outro mendigo sobre o seu direito de exercer a mendicância, ao explicar a história do mundo: "JUCA – Antigamente, tudo era de todos. Ninguém era dono da terra e a água não pertencia a ninguém. Hoje cada pedaço de terra tem um dono e cada nascente de água pertence a alguém. Quem foi que deu?"[6]

A teoria do maltrapilho guia-se pela lógica de que se no passado alguns homens se apossaram do que não pertencia a ninguém, por que razão não pode ele pedir (e não tomar)

---

5   *O Teatro na Estante*, p. 110.
6   *Deus Lhe Pague*, p. 19.

dinheiro alheio? A peça tem a primazia de apresentar, como protagonista, um ex-operário, ex-presidiário e, em seguida, mendigo, ainda que a situação de miséria seja enganadora, já que ele, com o tempo, enriquece através da mendicância, situação que o leva a exercer uma vida dupla. É interessante observar que tanto os miseráveis de *Adão, Eva e Outros Membros da Família* quanto o de *Deus Lhe Pague* conseguem enriquecer de uma hora para outra. Utilizando respectivamente as perspectivas simbólica e romântica, os dramas possibilitam que os desfavorecidos conquistem com certa facilidade uma nova instância social.

Apesar de retratar um desvalido de forma ainda idealizada, não se pode negar que *Deus Lhe Pague* questiona, de modo inédito nos palcos brasileiros, algumas dinâmicas de exploração social. Nessa direção, Décio de Almeida Prado afirma que o texto de Joracy Camargo foi, sem dúvida, um marco na história do drama brasileiro. Nas palavras do crítico, o repertório nacional antes dele, salvo honrosas exceções, estava limitado "às pecinhas de costumes nacionais, sem outro interesse além de um pitoresco superficial, ou às traduções de comédias de baixa comicidade"[7]. Com um fundo mais sério e certos problemas políticos e sociais originais, a peça chamou a atenção do público, alcançando sucesso estrondoso.

Cabe ressaltar que a aparição destacada de personagens miseráveis não se restringiu apenas ao drama brasileiro a partir da década de 1930, estando igualmente presente na literatura de modo geral, nas artes plásticas, na música e no cinema.

Na esfera literária, personagens desfavorecidas podem ser vislumbradas em *O Cortiço* (1890, ainda no século XIX), de Aluísio Azevedo; *Os Sertões* (1902), de Euclides da Cunha; *Luzia-Homem* (1903), de Domingos Olímpio; "O Negrinho do Pastoreio", em *Lendas do Sul* (1913), de João Simões Lopes Neto; *Clara dos Anjos* (1923-1924), de Lima Barreto; *O Quinze* (1930), de Rachel de Queiroz; *Suor* (1934), de Jorge Amado; *Vidas Secas* (1938), de Graciliano Ramos; *Grande Sertão: Veredas* (1956), de Guimarães Rosa; *Quarto de Despejo* (1960), de Carolina Maria de Jesus; contos de Rubem Fonseca, como "Feliz Ano Novo"

---

7 *Apresentação do Teatro Brasileiro Moderno*, p. 45.

(1975); o poema "O Bicho", em *Belo Belo* (1948), de Manuel Bandeira; *A Hora da Estrela* (1977), de Clarice Lispector; *As Mulheres de Tijucopapo* (1982), de Marilene Felinto; *Cidade de Deus* (1997), de Paulo Lins, entre outras.

Quadros como *Mãe Negra* (1912), de Lucilio de Albuquerque, e *O Morro da Favela* (1924), de Tarsila do Amaral, ou ainda a série *Retirantes* (1944), de Candido Portinari, são exemplos da representação dos desfavorecidos nas artes visuais. Já na música temos os casos de "Saudosa Maloca" (1955), de Adoniran Barbosa, "Pedro Pedreiro" (1965), de Chico Buarque, e "Preconceito de Cor" (1987), de Bezerra da Silva.

Ressalte-se, ainda, que várias das histórias protagonizadas pelos oprimidos foram adaptadas também para películas, projetando amplamente a figura do desafortunado brasileiro. Saídos do drama brasileiro estão *Deus Lhe Pague* (1948), do argentino Luis César Amadori; *Orfeu Negro* (1959), do francês Marcel Camus; *Gimba: Presidente dos Valentes* (1963), de Flávio Rangel; *Vereda da Salvação* (1964), de Anselmo Duarte; *A Navalha na Carne* (1969), de Braz Chediak, e *Navalha na Carne* (1997), de Neville d'Almeida; *A Compadecida* (1969), de George Jonas, e *O Auto da Compadecida* (2000), de Guel Arraes; *Dois Perdidos numa Noite Suja* (1971), de Braz Chediak; *Morte e Vida Severina* (1977), de Zelito Viana; *Pedro Mico* (1985), de Ipojuca Pontes, entre outros.

Um livro que se aproxima da temática é *Os Pobres na Literatura Brasileira*, organizado por Roberto Schwarz. Em breves textos assinados por vários autores, personagens desfavorecidas economicamente ganham relevância, desde o período colonial até o século xx. Capítulos como "Severinos e Comendadores", de Modesto Carone, e "Da 'Mão na Mão' à Luta de Classes", de Adélia Bezerra de Meneses, são exemplos em que os pobres mais próximos da miserabilidade estão destacados; o primeiro estabelece uma comparação entre duas personagens antagônicas na obra de João Cabral, a segunda analisa a presença do marginal como protagonista nas canções de Chico Buarque. Note-se, todavia, que a proposta do volume é tratar da representação dos pobres na literatura brasileira, e não dos miseráveis, necessariamente. Como exemplo dessa diferença, veja-se que no ensaio "As Pobres Mulheres Pobres no

Teatro de Alencar", de Flávio Aguiar, o foco está nas personagens femininas desprovidas de recurso, mas inseridas em um ambiente ainda estável economicamente, mesmo que através da prostituição. Em outras palavras, apesar da reflexão de Aguiar centrar-se nas mulheres pobres do século XIX, presentes no drama alencariano, vê-se que elas não pertencem ao universo dos miseráveis, já que, através de casamentos oportunistas ou do recurso da prostituição, mantêm-se numa classe social estabilizada.

A fim de situar qual o sentido dado para o termo "miserável", ênfase do presente estudo, recorro às ideias de Darcy Ribeiro sobre a estratificação social brasileira. Antes, porém, de expor a teoria do autor, vejamos a definição do *Aurélio* para o termo: 1. Digno de compaixão; 2. Desprezível, abjeto, infame, torpe, vil, mísero; 3. Malvado, perverso, cruel; 4. Próprio de quem é muito pobre; pobre, desgraçado, mísero; 5. Sem valor, mesquinho, escasso, ínfimo, mísero; 6. Avaro.

Destaco que o sentido de "miserável" nesta pesquisa vincula-se à quarta acepção, isto é, ao indivíduo desprovido de recursos, em situação de precariedade financeira. Fica claro que o termo não é utilizado aqui para referir-se a pessoa "desprezível", "perversa" ou "mesquinha". Ademais, embora na maioria dos casos as personagens desafortunadas sejam dignas de compaixão, isso não é uma regra.

Entendendo dessa forma – a miserabilidade como consequência de uma organização da coletividade –, nos parece relevante destacar o ponto de vista de Darcy Ribeiro na obra *O Povo Brasileiro*. Publicado em 1995, o volume é uma síntese do pensamento do antropólogo acerca do país. Em linhas gerais, trata do processo civilizatório, das matrizes étnicas e das transformações socioculturais e históricas do Brasil desde a sua formação.

Na introdução, o escritor ressalta que o povo-nação não surgiu no Brasil a partir da evolução de formas anteriores de sociabilidade, em que grupos se organizavam em classes distintas, mas conjugadas no intuito de atender às necessidades de sobrevivência e progresso. O povo-nação foi gerado, no Brasil, a partir da concentração da força de trabalho escravo, utilizado para servir a propósitos mercadológicos, "através de processos tão violentos de ordenação e repressão que constituíram, de fato, um continuado genocídio e um etnocídio implacável"[8].

No capítulo "As Dores do Parto", Darcy Ribeiro deduz que o Brasil principiou como "feitoria escravista", habitado por portugueses, índios nativos e negros importados. Depois, como um consulado, em que um povo sublusitano, misturado com os sangues negro e indígena, exercia a função de proletariado externo de uma possessão estrangeira, não havendo ainda um conceito de povo. O antropólogo ressalta que, de modo paradoxal, a "desindianização" forçada dos índios e a "desafricanização" dos negros fez com que esses povos, despojados de sua identidade, fossem "condenados a inventar uma nova etnicidade englobadora de todos eles". Mulatos e caboclos, lusitanizados pela língua portuguesa, "foram plasmando a etnia brasileira e promovendo, simultaneamente, sua integração, na forma de um Estado-Nação"[9]. Para Ribeiro, já havia uma consciência de "Estado-Nação" quando o Brasil recebeu um grande contingente de imigrantes europeus e japoneses, assimilados ao processo de transformação vivido pelo país. Dessa forma, subjacente ao sentimento de "consciência de nação", partilhado pelos brasileiros, encontra-se uma profunda distância social, originada no tipo de estratificação social construída ao longo do processo de formação nacional.

Segundo o teórico, a divisão do Brasil em camadas sociais abarca quatro grandes classes: as dominantes, as intermediárias, as subalternas e as oprimidas. Nas classes dominantes, têm-se o *patronato* de empresários, enriquecido por meio da exploração econômica, e o *patriciado*, cujo poder decorre do desempenho de cargos públicos ou civis. O antropólogo salienta que, nas últimas décadas, um corpo estranho tem se afirmado na cúpula das classes dominantes: o estamento gerencial de empresas estrangeiras, caracterizando-se como o setor predominante dessas classes. Ele emprega tecnocratas, controla a mídia, elege parlamentares e governantes.

Nos setores intermediários, há os *autônomos*, formados pelos profissionais liberais, e os *dependentes*, como os policiais, os professores, o baixo clero e similares, vinculados a

---

8   *O Povo Brasileiro*, p. 23.
9   Ibidem, p. 448.

alguma instituição. Para Ribeiro, todos os pertencentes a essa classe tendem a adular as classes dominantes, a fim de usufruir alguma vantagem. As exceções seriam uma parte do baixo clero e os raros intelectuais, considerados, em certos momentos históricos, insurgentes e subversivos da ordem.

Nas classes subalternas, têm-se o *campesinato*, do qual fazem parte os pequenos proprietários e assemelhados, e o *operariado*, que tem empregos relativamente estáveis. Esse segmento é constituído por dois bolsões: o da aristocracia operária, em que os indivíduos mantêm empregos até certo ponto seguros, sobretudo os trabalhadores especializados; e o dos vinculados à terra, como os pequenos proprietários rurais, arrendatários, gerentes de grandes fazendas etc.

Abaixo da classe subalterna, por fim, está a grande maioria da população brasileira: o grupo dos oprimidos, geralmente negros e mulatos, moradores das favelas e das periferias da cidade. Entram nesse setor os boias-frias, os enxadeiros, os pedreiros, os empregados da limpeza, as empregadas domésticas, as prostitutas pobres, os delinquentes, os biscateiros, os mendigos etc. Exposta a estratificação social do país, destaco que neste estudo são considerados miseráveis os indivíduos enquadrados na classe dos oprimidos, segundo a tese de Ribeiro.

Assim, pretendo desvelar de que forma as reflexões do sociólogo encontram ressonância nas dez peças teatrais escolhidas, lembrando que elas compõem, junto com outras criações artísticas, o constructo intelectual do Brasil. O diálogo entre os polos da realidade e da ficção, nesse sentido, levará à investigação de como os dramas problematizam certas realidades nacionais.

Voltando para o âmbito da dramaturgia brasileira, vê-se que uma sistematização da presença de miseráveis como personagens centrais permite a identificação de duas vertentes espaciais de representação. A primeira delas abarca as figuras dramáticas carentes que habitam pequenas vilas ou territórios do universo campesino; a segunda refere-se a personagens desprovidas de recursos que moram nas cidades, havendo uma distinção entre as favelas e os centros urbanos.

Inseridas num ambiente rural ou em microaldeias, os desafortunados do espaço interiorano lutam, de diferentes formas, pela manutenção da vida. Encontram-se, nesse segmento, as figuras ficcionais de *Auto da Compadecida*, de Ariano Suassuna; *Morte e Vida Severina*, de João Cabral de Melo Neto; e *Vereda da Salvação*, de Jorge Andrade. Na vertente de representação em que os indivíduos de pobreza acentuada estão inseridos na periferia das cidades, há o desnudamento do ambiente da favela. São constituintes desse segmento *Orfeu da Conceição*, de Vinicius de Moraes; *Gota d'Água*, de Chico Buarque e Paulo Pontes; *Pedro Mico*, de Antonio Callado; e *Gimba*, de Gianfrancesco Guarnieri. Ao eixo urbano, pertencem as figuras de *Quarto de Empregada*, de Roberto Freire; *A Invasão*, de Dias Gomes; e *O Abajur Lilás*, de Plínio Marcos.

Na sequência, essas obras são analisadas a partir da identificação de certos modelos de atuação vinculados à dicotomia espacial campo *versus* cidade. Posteriormente, proponho um cotejo entre as deduções construídas para cada um dos paradigmas ambientais, sobretudo no que se refere ao conflito de classes e à maneira como as figuras ficcionais ocupam o espaço em que vivem.

2. Os Desvalidos do Mundo Rural

Auxiliares de padeiro, pistoleiros, retirantes, donas de casa, coveiros, lavradores, meeiros, carpinteiros, pescadores, ciganas, pregadores da fé e acompanhantes de rezas consituem alguns dos desafortunados do universo campesino do drama brasileiro. Oriundos do interior da Paraíba, de Pernambuco e da Bahia, as figuras dramáticas de *Auto da Compadecida*, *Morte e Vida Severina* e *Vereda da Salvação* são analisadas a seguir sob o ponto de vista de sua classe e espaço sociais[1].

---

1 Note-se, a título de curiosidade, que *O Pagador de Promessas*, de Dias Gomes, levado aos palcos brasileiros em 1960, não está aqui analisado por duas razões. Embora a peça evidencie a questão agrária e tenha um protagonista pertencente ao universo rural, de nome Zé do Burro, ele não pertence ao quadro dos miseráveis, já que possui um pedaço de terra. Mesmo levando em conta a ação de dividir o seu sítio com outros lavradores famintos, em função da promessa feita a santa Bárbara, o prometedor, ainda assim, configura-se como um pequeno proprietário rural. Por outro lado, a motivação que o leva a se deslocar em direção a um grande centro urbano, no caso Salvador, não é de cunho econômico, como em *Morte e Vida Severina*, mas religioso. Ademais, o outro motivo que exclui a peça da análise vinculada ao eixo interiorano deriva do fato de que a ação não ocorre num espaço campestre, mas numa praça da capital baiana.

"AUTO DA COMPADECIDA", DE ARIANO SUASSUNA

Influenciado pelos autos medievais e pela literatura de cordel nordestina, Ariano Suassuna escreveu, em 1955, *Auto da Compadecida*, peça que pode ser realizada em três atos ou em ato único, conforme a vontade do encenador. A primeira montagem deu-se em 1956, pelo Teatro Adolescente do Recife, sob direção de Clênio Wanderley, que utilizou como cenário da trama um picadeiro de circo.

A trama e as personagens são anunciadas pelo Palhaço, espécie de *alter ego* do dramaturgo em cena. Exercendo a função de um narrador, ele interrompe eventualmente a história para esclarecer o público acerca de ações ocorridas fora de cena, além de conduzir transições espaciais, como as passagens do plano terrestre para o plano divino e vice-versa. A maior parte da ação ocorre no pátio da igreja de uma vila próxima a Taperoá, pequena cidade da Paraíba, onde os analfabetos João Grilo e Chicó, ajudantes de padeiro, estabelecem como forma de sobrevivência um astucioso jogo de enganações com a elite da comunidade.

Pensando na teoria de estratificação social de Darcy Ribeiro, é possível estabelecer algumas considerações sobre a posição econômica das personagens. João Grilo, líder da dupla, e Chicó, seu cúmplice, são evidentemente os protagonistas da trama. Os dois auxiliares de padeiro, sempre sem dinheiro e às voltas com pequenas mentiras direcionadas aos afortunados da cidade, pertencem, como é visível, à categoria dos oprimidos. Vê-se que as trapaças são uma forma de amenizar a situação de precariedade de ambos, que, com um chefe avaro, recebem um salário que mal dá para comer. O descaso em relação ao bem-estar dos empregados fica evidente na passagem em que João Grilo desabafa com os patrões: "Três dias passei em cima de uma cama, tremendo de febre. Mandava pedir socorro a ela e a você e nada"[2]. Enquanto João Grilo passava fome, bifes passados na manteiga eram ofertados ao estimado cachorro dos donos da padaria.

---

2   *Auto da Compadecida*, p. 103.

Por outro lado, é importante ressaltar a relatividade do alcance maléfico das trapaças, na medida em que refletem apenas as fraquezas das personagens ludibriadas. Assim, as primeiras invenções dos maltrapilhos revelam a hipocrisia de certos funcionários da Igreja Católica, pois fica notório que o Padre só decide abençoar o cão quando acredita que ele pertence ao poderoso major Antônio Morais. Depois disso, a suposta crença no testamento do cachorro mostra a conivência dos religiosos em executar o enterro sacrílego mediante suborno. O engodo direcionado à mulher do padeiro, por seu turno, revela a sua desmedida ambição, uma vez que, fascinada pela ideia de ficar rica, ela acredita na insólita possibilidade de um gato descomer dinheiro. A falácia direcionada a Severino do Aracaju também se vale da ingênua devoção do pistoleiro ao padre Cícero.

Além de João Grilo e Chicó, Severino do Aracaju e seu capanga completam o quadro dos oprimidos. Mesmo recorrendo a uma estratégia de sobrevivência distinta, pautada não pela trapaça, mas pela agressividade, os pistoleiros, assim como seus pares, estão excluídos das vantagens sociais oferecidas às outras classes. Além disso, o fato de os fora da lei terem suas famílias assassinadas pela polícia, no passado, nos permite supor que a entrada para o mundo do crime configurou-se, na óptica dos envolvidos, como a única saída possível.

Apresentando uma variada escala social que vai dos auxiliares de padeiro e cangaceiros, passando pelos donos da padaria e pelo baixo clero e chegando ao proprietário das minas e ao bispo, vê-se que, em *Auto da Compadecida*, as diferenças de classe abarcam dois conflitos de menor e maior proporção. O de menor impacto compreende as desavenças entre os auxiliares de padeiro e os demais afortunados da cidade. João Grilo e Chicó inventam histórias rocambolescas para ganhar algum dinheiro, mas não chegam a representar uma ameaça para a comunidade. O segundo embate entre os pistoleiros e a população, incluindo aí a elite e também os desafortunados como João Grilo e Chicó, é de maior monta, já que o roubo ostensivo ou o risco de morte representam danos irreversíveis.

Os dois conflitos terrenos acabam sendo resolvidos, de fato, no plano divino, momento em que os desencarnados reconhecem suas falhas e se arrependem de suas atitudes. A engrenagem dos papéis sociais que resulta na desigualdade econômica entre as personagens não chega, porém, a ser contestada pelos seres santificados, já que todos são julgados por suas ações individuais.

Décio de Almeida Prado sintetiza de modo contundente a estética de Suassuna, ao afirmar que o texto não põe em cena o camponês ou o trabalhador braçal como força revolucionária, mas o "amarelo", o cangaceiro, o repentista popular, com a conotação pitoresca que o Nordeste lhes confere. O sertanejo, ao vencer com astúcia as dificuldades econômicas realçadas pela diferença de classes, "viveria ao mesmo tempo em estado de fome e em estado de graça poética"[3].

De fato, em concordância com as palavras do crítico, vê-se que, na *Compadecida*, os poucos recursos econômicos das figuras dramáticas ganham um componente de leveza, já que é a partir dessa falta que as situações cômicas são criadas. Em outras palavras, a escassez de bens é a mola propulsora para os criativos engodos e, consequentemente, para o riso. A pobreza, nesse caso, não é vista como uma realidade a ser modificada; prova disso é o desfecho da peça, em que João Grilo e Chicó, subservientes à moral católica, transferem o dinheiro roubado para a Igreja. A possibilidade de migrar de classe social não se efetiva no texto de Suassuna, tendo as personagens que se conformar, à semelhança do que prega a doutrina cristã, com a miséria na terra, para depois colher os frutos da abnegação no Reino dos Céus.

Gaston Bachelard afirma que, se toda paisagem evoca um estado de alma, "a casa, mais do que a paisagem, é um 'estado de alma'"[4]. Lugar de repouso e aconchego, a casa, seus móveis e objetos remetem à intimidade de seus ocupantes. Já Roberto DaMatta aponta que a *casa*, como código de significação social, reporta-se a um universo controlado, onde as coisas geralmente se mantêm em seus lugares, ao passo que a *rua* indica "basicamente o mundo, com seus imprevistos, acidentes e paixões", assim sendo, "os grupos sociais que ocupam a casa são radicalmente diversos daqueles do mundo da rua."[5]

---

3 *O Teatro Brasileiro Moderno*, p. 80.
4 *A Poética do Espaço*, p. 84.
5 *Carnavais, Malandros e Heróis*, p. 70.

Levando-se em conta a dicotomia simbólica do espaço da casa *versus* o espaço da rua, é possível tecer algumas considerações. Observa-se que João Grilo e Chicó residem há anos na vila de Taperoá, sem que tenha havido a necessidade de deslocamento para outra cidade. O trabalho árduo na padaria e as eventuais trapaças são o suficiente para que a dupla sobreviva no povoado do interior da Paraíba. Situação diferente, todavia, vivem Severino do Aracaju e o Cangaceiro, os outros dois desafortunados da trama. Como o próprio nome anuncia, Severino veio da capital sergipana e, desde que entrou para o crime, tem, ao lado de seu ajudante, uma vida itinerante. A fuga constante da polícia e a necessidade de encontrar "freguesia" em outras paragens são as motivações para que a dupla esteja sempre em constante deslocamento pelo interior do Nordeste. Por outro lado, embora João Grilo e Chicó permaneçam em Taperoá, é possível deduzir que eles, junto com Severino do Aracaju e o Cangaceiro, pertencem ao ambiente da rua, isto é, são desvelados na peça através de ambientes externos, submetidos aos códigos da rua, conforme a diferenciação feita por DaMatta.

O antropólogo subdivide a categoria rua em duas outras: a praça e o centro. Na primeira, estão simbolizados os aspectos estéticos da cidade, como os jardins, as igrejas, a prefeitura, o palácio do governo etc. No segundo, encontram-se as edificações comerciais, local de transações impessoais. O que DaMatta propõe é uma divisão conceitual entre os ambientes de poder (temporal e religioso) e os de domínio da economia.

Ademais, a praça é reconhecidamente um lugar público e espaçoso onde é comum a realização de manifestações democráticas. Nesse local, costumam acontecer comícios políticos, além de protestos e reivindicações da população. No campo da dramaturgia, a praça constitui um espaço tradicional da comédia, por onde circulam diferentes tipos que retratam, na maioria dos casos de maneira irônica, a sociedade em que vivem, tal como ocorre na peça de Suassuna.

O pátio de *Auto da Compadecida* enquadra-se, sem dúvida, na categoria de praça, vinculado à igreja. Fica latente que o autor não escolheu esse lugar por acaso, uma vez que os fatos acontecem em um ambiente pertencente aos domínios do templo cristão para reforçar a intenção moralizante do auto. A escolha do pátio como lugar de ação reflete, pois, o interesse do dramaturgo em discutir valores de ordem espiritual e não econômica. O julgamento conduzido pelas figuras divinas não se pauta pelas relações econômicas historicamente espúrias, responsáveis por gerar e perpetuar as diferenças de classe que, em última instância, são as propulsoras dos conflitos terrenos, mas pelo comportamento individual de cada personagem em relação aos preceitos cristãos.

Pierre Bourdieu propõe, nesse sentido, que existe uma correspondência entre as estruturas de poder e os paradigmas mentais de determinadas classes sociais estabelecida a partir de sistemas simbólicos como a língua, a religião, a arte etc. No que se refere ao campo religioso, o sociólogo francês afirma que os dogmas assumem uma função ideológica, prática e política de "absolutização do relativo e de legitimação do arbitrário"[6]. É através da religião, portanto, que os indivíduos recebem uma justificação de existir numa camada social elevada, com todas as prerrogativas inerentes a essa posição.

Para o teórico, o interesse religioso é despertado, sobretudo, pelo desejo do adepto em ver legitimada a sua posição social. Assim, propriedades materiais ou simbólicas de determinada classe recebem, através da crença, um sistema de justificação que as tornam socialmente autênticas. Numa sociedade dividida em classes, o manejo da linguagem e das práticas de representação religiosa, específico para cada grupo econômico, auxilia na perpetuação e na reprodução da ordem social.

Na engrenagem de acomodação coletiva, a religião tem a função de impor aos dominados o reconhecimento da legitimidade dos dominantes. Segundo Bourdieu, isso se dá a partir de técnicas de manipulação simbólica de aspirações distintas, tais como o deslocamento de desejos e conflitos "através da compensação e da transfiguração simbólica (promessa de salvação) ou a transmutação do destino em escolha (exaltação do ascetismo)"[7].

A observação de Bourdieu acerca do objetivo de contenção social da Igreja Católica torna-se mais claro, em *Auto da Compadecida*, a partir da cena do julgamento divino, em que se

6   *A Economia das Trocas Simbólicas*, p. 46.
7   Ibidem, p. 53.

tem, literalmente, a instauração do espaço do *outro mundo*, isto é, de um mundo sobrenatural. A análise do tribunal celestial nos permite constatar que o pensamento de Bourdieu encontra ressonância na peça de Suassuna, já que os desafortunados da obra – João Grilo, Severino do Aracaju e o Cangaceiro – são os únicos que escapam do purgatório. João Grilo volta à vida e renuncia, junto com Chicó, ao dinheiro roubado, momento em que se evidencia o início da "exaltação do ascetismo", referida pelo sociólogo francês. Os pistoleiros, por seu turno, em função de um passado traumático de perdas e injustiças, são desobrigados de suas responsabilidades, conquistando diretamente a salvação.

Nota-se, assim, que as técnicas de manipulação religiosa, com vistas à acomodação social, estão materializadas no texto. Na óptica cristã, os desvalidos devem sentir-se reconfortados em sua miséria, pois ela lhes garantirá o Reino dos Céus. A compensação e a transfiguração simbólicas pressupõem então que, após a morte, os desafortunados serão valorizados e muito bem acolhidos no ambiente celestial, onde as preocupações de ordem econômica não existem. Há, nesse caso, um deslocamento espaçotemporal das expectativas de felicidade, pois a realização pessoal transfere-se do "aqui e agora" para o "lá e depois", conforme aponta o conhecido versículo 18, 25 do *Evangelho de Lucas*: "Com efeito, é mais fácil o camelo entrar pelo buraco de uma agulha do que o rico entrar no Reino de Deus!" A transmutação do destino em escolha, por seu turno, funciona como um desdobramento da compensação e da transfiguração simbólicas. Isto é, acontece quando o indivíduo, acreditando que a penúria em vida é diretamente proporcional à aceitação divina, passa a encarar, de modo ilusório, a sua condição precária como se ela fosse uma opção, com vistas a um maior reconhecimento após a morte. Por essa razão, João Grilo e Chicó abrem mão do dinheiro roubado e, por extensão, das conquistas materiais e prazeres corporais que a soma poderia lhes proporcionar. A renúncia diante da possibilidade de mudar de classe social caracteriza-se, dessa forma, como a efetivação da ideia de Bourdieu.

Percebe-se, ainda, que João Grilo só é reconhecido pelas demais personagens em território metafísico. Apenas no espaço sobrenatural ele pode se regozijar ao constatar que o Bispo, o

Padre, o Sacristão, o Padeiro e a Mulher querem os seus serviços de "advogado" de defesa do tribunal celeste. É necessária a instalação de um ambiente místico e utópico, isto é, o outro mundo, conforme DaMatta, para que aconteça a inversão hierárquica, em que um auxiliar de padeiro tem um poder explicitamente maior que o da elite da cidade. Veja-se que, embora João Grilo engane os poderosos da vila com suas trapaças, situação que evidencia o seu potencial de persuasão, apenas no momento do julgamento divino essa característica é legitimada e valorizada pelos demais, que passam a depender da lábia do malandro para escapar do inferno. Note-se ainda que a influência de João Grilo sobre Jesus e a Compadecida é tamanha que a ideia de conduzir as cinco almas para o purgatório parte dele.

O espaço de ação da peça e sua vinculação à instituição religiosa, assim como a trajetória das figuras ficcionais e seu julgamento divino, evidenciam a forma de um auto cristão. A subserviência das personagens à Igreja e a seus preceitos corrobora, pois, a intenção do dramaturgo em perpetrar a doutrina cristã e a sua política de contenção e acomodação social.

"MORTE E VIDA SEVERINA", DE JOÃO CABRAL DE MELO NETO

Publicado um ano depois de *Auto da Compadecida*, em 1956, *Morte e Vida Severina*, de João Cabral de Melo Neto, também abarca o cotidiano do nordestino sem recursos. Enquanto o *Auto* de Suassuna vale-se do humor característico das narrativas populares, a peça de Melo Neto é densa e nada cômica.

Planejada desde a sua origem como um poema dramático, *Morte e Vida Severina* trata da árida rotina dos refugiados da seca. Apesar de conter versos rimados e da sua proximidade com a narrativa épica, o texto foi criado, a partir de 1954, para ser levado à cena, em função de uma encomenda de Maria Clara Machado, do grupo O Tablado, mas o elenco não realizou a montagem. A estreia ocorreu com o grupo amador Norte Teatro Escola do Pará, em 1958. Embora montada dois anos depois pela Companhia Cacilda Becker, a peça ganhou notoriedade a partir da versão realizada pelo Tuca (Teatro da Universidade Católica), em 1965.

O relato da árdua trajetória do retirante nordestino, que busca uma vida menos sofrida, partindo do sertão para o Recife, constitui a espinha dorsal do texto cabralino. De nome Severino, filho de uma Maria, esposa de um finado Zacarias, como tantos outros, que morrem de "velhice antes dos trinta"[8], o retirante, com dificuldade em se identificar diante de tantas existências semelhantes, pondera: "passo a ser o Severino / que em vossa presença emigra"[9].

Verifica-se que na peça de Melo Neto grande parte das personagens encontra-se no setor oprimido ou, quando muito, na classe subalterna. Severino, espécie de boia-fria do sertão, desloca-se em busca de melhor qualidade de vida, mas só encontra a morte de companheiros desvalidos em seu caminho. Com exceção dos latifundiários, médicos e doutores, apenas mencionados, e da Mulher da Janela, em situação de prosperidade, as demais figuras estão em condição de extrema precariedade. Além disso, vê-se que os desafortunados têm poucas chances de mudar o seu quadro econômico. Enquanto João Grilo e Chicó, de *Auto da Compadecida*, têm a oportunidade de migrar de classe através do dinheiro roubado por Severino do Aracaju, embora rechacem a ideia por questões morais, o retirante e seus pares não chegam a vislumbrar nenhum meio de mudança social, tanto que o lavrador que ousa prosperar, comprando um pedaço de terra, é eliminado.

Excetuando-se, como já dito, a Mulher da Janela, que melhora de vida após assumir a função de rezadora oficial da região, as demais personagens do setor desvalido mantêm-se na situação de miséria em que nasceram, cabendo-lhes somente a ação de resistir à morte que as ronda. Por outro lado, as duas ciganas, o carpinteiro e seus vizinhos, moradores do cais, além de representarem um núcleo de resistência e união, ainda têm esperanças de que seja possível romper as barreiras da segmentação social, nem que seja no futuro, por meio da ação do menino recém-nascido.

---

8   J.C. de Melo Neto, *Morte e Vida Severina e Outros Poemas*, p. 92.
9   Ibidem, p. 93.

Se em *Auto da Compadecida* há dois espaços físicos claramente delimitados – o pátio da igreja e o espaço sobrenatural –, em *Morte e Vida Severina*, o andar constante do protagonista desvela uma série de ambientes, que vão da Serra da Costela, limites da Paraíba, passando pela cidade de Toritama e pela Zona da Mata, até a chegada ao Recife.

Calcula-se que a Serra da Costela, lugar fictício que caracteriza o ponto de partida de Severino, se localizaria próxima à nascente do rio Capibaribe, na serra de Jacarará, na divisa dos municípios de Jataúba e Poção. É nessa região que Severino encontra os Irmãos das Almas, que conduzem o defunto de Severino Lavrador. O protagonista, nesse contexto, oferece-se para ajudar a levar o cadáver para a cidade de Toritama. Depois de Toritama, o retirante se perde, pois o rio Capibaribe seca naquela região durante o verão. Meio sem rumo, o andarilho passa por paisagens ermas até chegar a uma pequena vila, onde se depara com o velório de outro Severino e, a seguir, encontra a Mulher da Janela. Ao chegar à Zona da Mata, provavelmente próxima da cidade de São Lourenço da Mata, o protagonista assiste ao velório do Trabalhador de Eito. Na chegada ao Recife, escuta a conversa dos dois Coveiros, para depois dirigir-se ao cais, onde encontra seu José carpinteiro, seu filho recém-nascido e os vizinhos, habitantes de pequenos mocambos.

O deslocamento espacial de Severino, em que o sertão é rejeitado diante das projeções otimistas acerca do clima litorâneo, pode ser analisado a partir de dois pontos de vista distintos, embora não excludentes: o da migração e o da peregrinação.

A primeira perspectiva prevê que a viagem de Severino situa-se no contexto das migrações vividas pelo povo nordestino, que, em dificuldades com a seca e com as desigualdades sociais, tem um histórico de deslocamento para novos lugares. Em linhas gerais, pode-se afirmar que a trajetória das emigrações do Nordeste iniciou-se por volta de 1879, quando os moradores da região foram estimulados a mudar para a Amazônia a fim de extrair látex das árvores, o que configurou o Primeiro Ciclo da Borracha.

Isabel Guillen, pesquisadora da Fundação Joaquim Nabuco, analisa em sua tese, *Errantes da Selva*, a migração nordestina em direção à Amazônia. E destaca que os trabalhadores chegavam ao estado à custa dos patrões e, recém-instalados, já deviam o transporte, os mantimentos comprados no barracão e os instrumentos de trabalho. A dívida ficava praticamente impagável, tornando-se os seringueiros reféns dos donos de seringais. Durante a Segunda Guerra Mundial, instaurou-se o Segundo Ciclo da Borracha, em que milhares de nordestinos foram mais uma vez atraídos para a Amazônia. Estimulados pelo Estado Novo de Vargas, os chamados "soldados da borracha" foram seduzidos mais uma vez por uma propaganda de migração enganosa.

A partir das décadas de 1940 e 1950, a crescente lógica da industrialização teve como resultado um crescimento demográfico considerável das cidades médias e grandes. A personagem Severino enquadra-se nesse contexto, em que trabalhadores do campo, fugindo da seca e da miséria, deslocaram-se para cidades médias e para as capitais, como Recife, São Paulo e Rio de Janeiro. A seguir, entre as décadas de 1960 e 1980, verifica-se um novo aumento de nordestinos em direção aos grandes centros da região Sudeste, sobretudo São Paulo, havendo, além disso, um fluxo significativo de viajantes para Brasília e cidades do Centro-Oeste.

Ponderando acerca do migrante nordestino, Guillen ressalta a ambivalência de sensações desencadeadas pela ação de migrar: "Os sentimentos em relação à terra natal são bastante ambíguos, pois tanto revelam a desilusão e a revolta social contra a sujeição, como um intenso desejo de ficar um tempo, enricar e poder voltar com uma condição melhor."[10] Sem dúvida, é comum o sentimento contraditório vivido pelo emigrante em relação à sua terra de origem: de um lado, o ressentimento por ela não ter apresentado condições de permanência, de outro, a ternura e a saudade inspiradas pela lembrança dos momentos vividos naquele local.

O desenraizamento, fruto de uma política de exclusão social, tem como consequência a perda do passado, lembrado apenas pela memória pontual e fragmentada daquele que se afastou de suas origens. Indo nessa direção, Antonio Cornejo Polar delibera:

10 *Errantes da Selva*, p. 259.

Migrar é algo assim como ter nostalgia a partir de um presente que é ou deveria ser pleno das muitas instâncias e estâncias que se deixaram lá e então, um lá e um então que logo se descobre que são o aqui da memória insone mas fragmentada, e o agora que tanto corre como se aprofunda, verticalmente, num tempo espesso que acumula sem sintetizar as experiências do ontem e dos espaços que se deixaram atrás e que continuam perturbando com raiva ou ternura.[11]

Severino abandona a miséria do "lá e então" do sertão em busca de um "aqui e agora" mais prósperos. As experiências do passado, no entanto, confundem-se com as do presente, posto que, embora mudem as paisagens, a morte permanece parceira constante da jornada. A escolha pelo exílio, nesse sentido, caracteriza-se como uma forma de resistir e se opor ao destino provavelmente letal dos miseráveis sujeitos a perversos mecanismos de exclusão social em áridas terras.

Edward Said, no artigo "Exílio Intelectual: Expatriados e Marginais", diz que o exílio sempre foi um dos destinos mais tristes para qualquer ser humano, uma vez que significa, para o indivíduo, anos de vida errante e desnorteada, longe de pessoas e lugares conhecidos. Embora ele se refira, na maior parte do tempo, a exilados que se deslocam de um país para outro, o que interessa aqui é a fragmentação interna sentida pelo migrante (não importa se em direção a outro país ou a outra região). Para o teórico, a exclusão moral e social do migrante é, geralmente, o resultado inadvertido de forças impessoais como a guerra, a fome e a doença, seja nos tempos que correm, seja no passado. Contudo, não importa a época: o exilado tem de conviver o tempo todo com a lembrança de que realmente se encontra no desterro. Ele vive sempre numa condição intermediária: "Nem de todo integrado ao novo lugar, nem totalmente liberto do antigo, cercado de envolvimentos e distanciamentos pela metade."[12]

Em "Reflexões Sobre o Exílio", Said afirma que, em linhas gerais, "toda pessoa impedida de voltar para casa é um exilado"[13]. O autor pondera que o exílio é terrível, pois representa uma fratura incurável entre um ser humano e o seu respectivo

---

11 *O Condor Voa*, p. 130.
12 *Representações do Intelectual*, p. 57.
13 *Reflexões Sobre o Exílio e Outros Ensaios*, p. 54.

lugar natal, entre o eu e o seu verdadeiro lar. O desterro traz uma tristeza essencial e uma dor mutiladora, provenientes da separação, e que jamais poderão ser superadas. Assim, as realizações porventura alcançadas no exílio são sempre minadas pela perda de algo deixado para trás definitivamente. Os exilados (e, por extensão, os migrantes) encontram-se, muitas vezes, no perigoso território do não pertencer, para o qual as pessoas são banidas e deslocadas. O exílio, para Said, é uma solidão vivida fora do grupo, uma privação sentida por não se estar com os outros na habitação em comum. Os exilados são seres descontínuos, separados das suas raízes, da sua terra natal, do seu passado, e que sentem uma necessidade urgente de reconstituir suas vidas rompidas.

Com base nas reflexões de Said, vê-se que Severino tenta, por duas vezes, interromper a caminhada e criar novos vínculos, sem sucesso. A primeira tentativa dá-se quando ele encontra a Mulher da Janela que, apesar de ouvi-lo acerca de suas potencialidades de trabalho, afirma que a sua mão de obra não é necessária naquela localidade. Os sentimentos de não pertencimento e de inutilidade atingem a autoestima do protagonista que, mesmo desapontado, segue adiante. O andarilho pensa novamente em parar quando chega à Zona da Mata, região de terra macia e mais branda. As esperanças de melhor qualidade de vida, contudo, naufragam quando o retirante presencia o velório de um trabalhador de eito, morto pela exaustão do trabalho semiescravo na lavoura. Note-se ainda que, no final da narrativa, embora Severino desista do suicídio, não se sabe para onde e nem por quanto tempo ele será compelido a migrar.

Se a perspectiva da migração está vinculada aos sentimentos de inadequação, não pertencimento, melancolia e infelicidade, advindos da falta de infraestrutura para a permanência do indivíduo em sua terra de origem, as razões para o deslocamento enquanto peregrinação, por sua vez, são de outra ordem. Enquanto a migração tem motivações econômicas ou políticas, a peregrinação deriva de uma inquietação de ordem religiosa. Para Jean Chevalier e Alain Gheerbrant, o peregrino é: "Símbolo religioso que corresponde à situação do homem sobre a terra, o qual cumpre seu tempo de provações, para alcançar, por ocasião da morte, a Terra Prometida ou o

Paraíso Perdido."[14] O termo pode designar, ainda, "o homem que se sente estrangeiro dentro no meio em que vive, onde não faz outra coisa senão buscar a cidade ideal"[15]. A ideia de purificação está associada à jornada, de modo que a pobreza e a resistência às intempéries aparecem como condições para a iluminação ou revelação divina, espécie de recompensa adquirida ao término da viagem.

Em *Morte e Vida Severina*, a jornada do protagonista também pode ser compreendida sob a perspectiva da peregrinação, já que Severino parte para outro lugar porque não se identifica mais com o sertão, buscando, se não a cidade ideal ou o "paraíso perdido", um espaço qualquer em que seja possível trabalhar com dignidade. Além disso, a associação que o andarilho faz entre as vilas por onde passa e as contas do rosário confere à caminhada uma conotação religiosa: "Sei que há vilas pequeninas / todas formando um rosário / cujas contas fossem vilas, / todas formando um rosário / de que a estrada fosse a linha."[16] Se as contas colocadas na linha do terço representam as vilas encontradas, o fio remete ao caminho do andarilho, e é como se o deslocamento do sertão até o mar, no Recife, fosse a transfiguração de uma grande oração.

Ainda nessa direção, sabe-se que o final do poema dramático contém o elemento da revelação divina, pressuposta no término da peregrinação. O nascimento de uma criança, não um bebê indeterminado, mas o filho de José carpinteiro, ressimboliza o aparecimento de Cristo na Terra. O contato com o sagrado, por meio do encontro com o menino Jesus, cordeiro do sacrifício e da abnegação, ameniza o sofrimento e dá um sentido para a miséria do retirante.

As duas interpretações referentes ao deslocamento espacial de Severino – a migração e a peregrinação – permitem algumas deduções. Tanto a leitura da migração quanto a da peregrinação evidenciam que, no geral, as personagens da peça e, em especial, o protagonista encontram-se regidos pelos códigos da rua. Em outras palavras, fica explícito que, na condição de andarilho, Severino só tem a rua como referência, sendo

14 *Dicionário de Símbolos*, p. 709.
15 Ibidem.
16 J.C. de Melo Neto, op. cit., p. 97.

privado de todo o arcabouço físico, emocional e simbólico representado pela casa.

Por outro lado, vê-se que a opção de encarar *Morte e Vida Severina* sob o ponto de vista da migração confere à peça uma aura de libelo contra os mecanismos de opressão de um Nordeste arcaico e coronelista. A seca e a falta de incentivos do Estado, muitas vezes conivente com a política de exploração dos latifúndios, deixam os lavradores em situação difícil. Embora a peça tenha sido escrita na década de 1950, sabe-se que ainda hoje, no Brasil, existem casos de trabalho rural escravo em diferentes regiões. O desenraizamento ou, ainda, a solidão instaurada a partir do sentimento de desterritorialização vivido pelo retirante funcionam como denúncia de um sistema de trabalho rural escravista, pernicioso e excludente.

Já o entendimento da peça cabralina sob a perspectiva da peregrinação conduz a questão do conflito de classes para um segundo plano, à semelhança do que ocorre em *Auto da Compadecida*, tendo em vista que a miséria é vista como propulsora da elevação espiritual. Assim, em consonância com a doutrina cristã, a ausência de recursos, a fome e o cansaço da migração seriam elementos necessários para a purificação da personagem e seu posterior encontro com a dimensão do sagrado, isto é, a peregrinação seria a única forma possível de se alcançar uma conexão com o outro mundo.

Assim, retomando a teoria de DaMatta sobre os espaços como significação social, vê-se que em *Morte e Vida Severina* não existem espaços privados. No início da peça, o protagonista já está em situação de deslocamento; o encontro com o primeiro defunto Severino e os Irmãos das Almas dá-se no caminho. Ao chegar à casa em que outro cadáver está sendo velado, ele apenas escuta a ladainha que um homem, do lado de fora da moradia, faz em relação aos cantadores que estão dentro. Da mesma maneira, o diálogo com a Mulher da Janela trava-se, como o próprio nome da personagem indica, através da abertura da casa, estando a figura feminina do lado de dentro e Severino, do lado de fora. Ao chegar à Zona da Mata, o enterro a que assiste ocorre em um cemitério. Quando escuta a conversa dos dois coveiros, já no Recife, ele está encostado em um muro alto e caiado de outro cemitério e, ao chegar ao cais, é José mestre carpina quem se aproxima dele, de modo que a notícia acerca do nascimento do menino dá-se na frente do mocambo e não dentro dele; o interior da maloca, por sinal, não é revelado, pois as visitas que chegam anunciam os presentes e, a seguir, entram na casa.

A imagem de Severino como constante observador, sem participar ativamente da intimidade de ninguém, é visível na rubrica final: "O carpina fala com o retirante que esteve de fora, sem tomar parte em nada."[17] Vê-se, dessa forma, que o espaço de atuação de Severino é sempre a estrada, o que o leva a ser entendido, conforme já dito, como uma figura pertencente essencialmente ao universo da rua, de modo análogo aos desvalidos de Suassuna.

Em *Auto da Compadecida*, é possível pensar que a falta de espaços internos na trama ajuda a valorizar as dimensões social e cômica, ficando a interioridade das personagens em segundo plano. No caso de *Morte e Vida Severina*, a ambientação não pode ser compreendida nessa perspectiva. Severino, em sua perambulação pelo Nordeste, não é visto dentro de nenhuma residência ou qualquer espaço fechado porque a sua interioridade sustenta-se justamente por meio da ausência de aconchego e intimidade. É o sentimento de não pertencimento e, consequentemente, a condição de mero observador que assiste "do lado de fora" aos eventos que confere, de modo paradoxal, densidade à vida interior da personagem. Assim, por mais que a função social do retirante esteja latente na peça, não se pode negar a melancolia interior do sujeito que é compelido a migrar.

"VEREDA DA SALVAÇÃO", DE JORGE ANDRADE

Ocupando outro espaço de ação, mas ainda retratando os desvalidos rurais, está *Vereda da Salvação*, de Jorge Andrade. Se em outras peças do autor, como *O Telescópio* (1951), *A Moratória* (1954) e *Rasto Atrás* (1966), estão retratadas as fazendas e suas dinâmicas de trabalho, sob a perspectiva dos fazendeiros, em *Vereda da Salvação*, em oposição, o foco está nos lavradores. A peça é inspirada em um fato real, ocorrido em Catulé,

---

[17] Ibidem, p. 132.

na fazenda São João da Mata, no município de Malacacheta, Minas Gerais, em 1955, quando meeiros da Igreja Adventista da Promessa, exaltados pelo ardor religioso da Semana Santa, mataram quatro crianças que estariam possuídas pelo demônio[18]. Conforme aponta Sábato Magaldi[19], a peça foi escrita entre os anos de 1957 e 1963, apresentando oito versões diferentes até a sua estreia em 1964, pelo Teatro Brasileiro de Comédia (TBC), com direção de Antunes Filho.

Dolor e seu filho Joaquim, Durvalina e Artuliana, Conceição e Pedro, Daluz e o bebê, Germana e Jovina são camponeses que se veem obrigados a se deslocar pelo interior da Bahia em busca de trabalho. Vivem em condições subumanas, comendo, muitas vezes, apenas o que plantam. Embora Manoel resida no território dos casebres desde que nasceu, sua situação também é precária, tendo que negociar constantemente com os donos da fazenda as condições de sua permanência e a de sua família nas terras. Embora todos os plantadores pertençam à classe dos desvalidos, fica claro que o fato de Joaquim ser alfabetizado o coloca em uma situação de vantagem em relação aos demais; por essa razão, torna-se o líder do grupo.

Os donos da terra, citados na peça apenas como seu Francisco e dona Rita, compõem a camada dos grandes fazendeiros, pertencentes à classe dominante. Vê-se que a situação de opressão econômica vivida pelo grupo de lavradores é tamanha que a alucinação messiânica acaba sendo, apesar de utópica, a única saída possível. De modo semelhante a *Morte e Vida Severina*, a presença do latifúndio reafirma, também na peça de Jorge Andrade, a fragilidade dos que não têm um pedaço de terra próprio para plantar.

Além da oposição entre latifundiários e sem-terras, a obra apresenta a dicotomia entre católicos e protestantes. Fica evidente que o extermínio do grupo ocorre não apenas em função da morte de crianças inocentes, mas, sobretudo, em função da intolerância religiosa.

---

18 Jorge Andrade baseou-se, sobretudo, nos estudos de Carlo Castaldi, Eunice T. Ribeiro e Carolina Martuscelli sobre "O Demônio no Catulé", presente no livro: Maria I.P. Queiroz de et al., *Estudos de Sociologia e História*. São Paulo: Inep / Anhembi, 1957.

19 Revisão de Vereda, em J. Andrade, *Marta, a Árvore e o Relógio*, p. 634.

A ação da peça se dá em uma clareira da mata, onde o grupo de meeiros constrói alguns casebres de pau a pique. As precárias cabanas são cobertas com folhas de palmeira e estão dispostas em semicírculo, tendo uma cisterna ao centro. É perceptível que a disposição espacial dos casebres insinua aspectos das relações entre as personagens. Assim, o fato de o casebre de Joaquim estar em localização oposta ao de Manoel prenuncia o confronto futuro entre os dois. No mesmo sentido, a disposição da casa de Artuliana, mais próxima à de Manoel do que à de Joaquim, sugere a inclinação da jovem para o viúvo, em detrimento do rapaz.

No casebre habitado por Artuliana e sua mãe, Durvalina, vê-se mais o quarto do que a sala; no dormitório há três camas feitas de varas. A terceira delas provavelmente pertencia ao pai de Artuliana, que havia migrado para o Sul e, embora tenha prometido voltar para buscá-las, nunca mais retornou. Na moradia de Manoel e sua filha, Ana, tem-se uma sala pequena que contém pilhas de sacos cheios de cereais e caixotes. Na cabana de Joaquim e sua mãe, Dolor, também se vê uma sala pequena, parecida com a de Manoel, mas sem mesa e sacos de cereais, caixotes no lugar de bancos e uma imagem grande de Cristo. Há, ainda, diversas *Bíblias* enfileiradas em uma tábua amarrada com um arame na parede.

A observação do interior das residências revela, segundo a lógica de Bachelard, traços da interioridade de seus ocupantes. Assim, no mocambo de Artuliana, o destaque está no quarto, e, num dado momento, ela surge arrumando uma velha mala de papelão, em que são colocadas algumas roupas, caixinhas de sabonete, pó de arroz etc. A jovem está preparando a sua mudança, pois pretende morar com Manoel assim que casarem no Tabocal, cidade mais próxima. Ela é a única personagem vista no ambiente de um quarto, espaço mais íntimo que a sala, em meio a objetos pessoais vinculados à feminilidade. Essa caracterização espacial realça o potencial erótico de Artuliana que, conforme a rubrica, é "mais provocante do que bonita. Os seios, desenvolvidos e empinados, dão-lhe um todo insólito, agressivo"[20].

---

20 J. Andrade, *Marta, a Árvore e o Relógio*, p. 234.

Na moradia de Manoel, a sala está repleta de sacos de cereais, o que evidencia o trabalho braçal do viúvo, cuja vitalidade e gosto pela terra são necessários. Não por acaso, "seu rosto queimado, a barba e os cabelos grisalhos, o corpo forte, fazem dele uma figura um pouco imponente"[21].

A sala de Joaquim, por seu turno, apresenta uma valorização dos rituais religiosos em detrimento do trabalho, sendo as presenças do Cristo e dos livros santos um indício da tendência contemplativa do jovem. Se no início Joaquim tem gestos e atitudes que oscilam entre a submissão e a agressividade, após o banho no córrego, ele "levanta os braços, tomando uma posição idêntica à imagem em sua sala", com os olhos revelando um "profundo e doentio misticismo"[22].

Com base na análise espacial do interior das casas, em que os elementos do interior reforçam determinadas características de seus moradores, algumas formulações podem ser feitas. Artuliana simboliza a força da sensualidade, e é a única a defender, diante de todos, a autenticidade de seu desejo físico e a inviabilidade de encará-lo como pecado. Manoel vincula-se à imagem da submissão ao trabalho braçal e limitado, sendo o responsável por instalar os retirantes na localidade e negociar com os donos a permanência do grupo na terra. Já Joaquim remete à utópica dimensão transcendental, assumindo o papel de interlocutor entre os meeiros e o outro mundo. Compondo, de certa forma, um triângulo amoroso, as personagens Artuliana, Manoel e Joaquim personificam as energias da sensualidade, do trabalho braçal e da ascensão espiritual que, inseridas em um ambiente de miséria, exploração e ignorância, conduzem o grupo a um desfecho trágico.

Embora algumas das personagens de *Vereda da Salvação* sejam retratadas em ambientes internos, como as salas de Manoel e Joaquim e o quarto de Artuliana, a maior parte da ação ocorre em frente aos casebres. Observa-se, pois, que o espaço público, de convívio coletivo entre o grupo, ganha mais relevância que o doméstico. Esse dado, associado ao fato de que o grupo de meeiros, com exceção da família de Manoel, vem peregrinando há alguns anos de fazenda em fazenda, em busca de

---

21 Ibidem.
22 Ibidem, p. 258.

melhores condições de trabalho, nos leva à conclusão de que as figuras rurais da peça de Jorge Andrade caracterizam-se como pertencentes predominantemente ao universo da rua, segundo os termos de DaMatta.

Por outro lado, a adesão dos lavradores ao delírio messiânico e as agressões perpetradas contra Artuliana e as crianças inserem as personagens num paradigma religioso marginal e, de certa forma, primitivo, vinculado à crença no outro mundo. Nessa direção, Antonio Candido aponta que, cercados pelo latifúndio e esmagados pela miséria, "só resta aos agregados a saída para o transcendente"[23].

É importante ressaltar, a esse respeito, o que motiva a migração das figuras ficcionais da doutrina católica para a protestante. Numa discussão entre os filhos de Manoel, Ana e Geraldo, a irmã defende os preceitos do catolicismo, segundo os quais o trabalho é essencial, criticando a semana de jejum imposta pelo adventista Onofre, momento em que o grupo não deve trabalhar nem se alimentar até o dia do encontro no Tabocal. Geraldo, em retaliação, delibera: "Mas foi gente da sua igreja que tomou tudo que era nosso"[24]. Aqui ele faz menção à exigência da devolução de parte da terra produtiva utilizada pelos lavradores para os donos da fazenda, interessados em transformá-la em pasto para o gado.

Fica evidente, nessa passagem da trama, que o grupo vê na mudança de religião uma forma silenciosa de protestar contra os opressivos acordos de trabalho no campo. Os latifundiários, ao perceberem que os lucros serão maiores na produção pecuarista, confiscam parte da terra emprestada aos meeiros, sem se importar com o impacto dessa medida na qualidade de vida dos trabalhadores rurais. Além disso, os proprietários da terra estranham a adesão dos plantadores ao protestantismo, entre outras coisas, porque sentem a diminuição da força produtiva do grupo, tanto que o desconforto dos fazendeiros é revelado por Ana em observação feita antes dos eventos de violência física nos casebres: "Sinto vexame da fazenda, pai. 'Seu' Francisco e dona Rita já estão pensando que somos tudo doido."[25]

23 "Vereda da Salvação", em J. Andrade, op. cit., p. 632.
24 J. Andrade, op. cit., p. 241.
25 Ibidem.

Pierre Bourdieu enfatiza a forma como a Igreja Católica impõe o reconhecimento de seu monopólio, tendendo "a impedir de maneira mais ou menos rigorosa a entrada no mercado de novas empresas de salvação"[26]. Além disso, comenta que o sucesso de uma nova instituição ou ordem religiosa depende da aptidão discursiva de seu profeta e do seu potencial em subverter a ordem simbólica vigente, através da dessacralização do sagrado e da sacralização do sacrilégio.

Transpondo esses preceitos para *Vereda da Salvação*, vê-se que Onofre e Joaquim, mensageiros da nova seita, modificam os valores simbólicos estabelecidos. Se a organização anterior pressupunha o cumprimento das obrigações de trabalho e a aceitação das diferenças de classe, a nova ordem prevê o jejum e o descanso da labuta como forma de purificação. Se a filosofia cristã desloca a felicidade dos pobres para o futuro, depois do juízo final, os adventistas de Joaquim a querem aqui e agora, nem que para isso tenham de construir um sistema de símbolos próprio, que lhes permita transmutar-se, através de certos rituais de purificação, em seres santificados.

Outro dado relevante em relação à configuração espacial diz respeito ao fato de que os mocambos estão cercados pela floresta, como se estivessem sufocados por ela. Chevalier e Gheerbrant afirmam que "para o psicanalista moderno, por sua obscuridade e seu enraizamento profundo, a floresta simboliza o inconsciente"[27]. O pavor gerado pelo matagal seria, segundo Jung, fruto do medo das revelações que escapam à consciência.

Ainda em relação à configuração espacial, Jorge Andrade afirma, em relação aos casebres, que "é como se estivessem no fundo de um poço, tendo como única saída a clareira das copas das árvores"[28], o que faz com que o leitor tenha uma imagem duplicada: há uma cisterna que abastece os casebres e, num segundo plano, os próprios casebres vistos de cima da mata, como se estivessem no fundo de outro poço. De acordo com Chevalier e Gheerbrant, o poço é um meio vital de comunicação, unindo as três ordens cósmicas: Céu, Terra e Inferno.

---

26 Op. cit., p. 58.
27 Op. cit., p. 439.
28 J. Andrade, op. cit., p. 233.

Além de remeter ao conhecimento, à abundância, ao segredo ou à dissimulação da verdade, ele é a ligação entre os três andares do mundo. A imagem de Jorge Andrade, em que a clareira formada pelos casebres surge como um imenso poço em meio à floresta, permite algumas explorações hermenêuticas. Partindo do princípio de que a mata simboliza o inconsciente e o poço simboliza um canal de comunicação entre as três ordens cósmicas, o cenário da peça pode ser visto como um círculo mítico, composto por dois poços sobrepostos que reverberam as inquietações do inconsciente coletivo do grupo de meeiros. O próprio título, *Vereda da Salvação*, faz alusão a essa imagem, na medida em que prenuncia um caminho alegórico de comunicação com o divino.

A partir dessas ponderações, constata-se que a natureza ao redor dos casebres caracteriza-se como um espaço potencializador de uma interpretação rudimentar acerca da crença adventista. Veja-se que é após o banho de purificação no córrego que Joaquim volta, de fato, transfigurado em Cristo. Isso ocorre porque o mergulho do grupo no riacho remete ao batizado de Jesus no rio Jordão, analogia explicitada pelos meeiros que saem em procissão, encharcados e cantando "No Jordão".

O batismo, símbolo da purificação e da renovação, apresenta duas fases de grande alcance simbólico: a imersão e a emersão. Enquanto a imersão indica "o desaparecimento do ser pecador nas águas da morte", a emersão revela "a aparição do ser em estado de graça, purificado"[29]. A expulsão dos pecados, após os processos de imersão e emersão, tornou clara para Joaquim a sua condição de Cristo reencarnado, sendo os lavradores que o acompanharam no banho seus fiéis seguidores.

Se o córrego é responsável por transmutar as personagens em seres santificados, a mata, por sua obscuridade, é o local escolhido para as práticas de violência, tanto é que o espancamento e o consequente aborto de Artuliana dão-se na floresta, assim como a surra direcionada às crianças e ao bebê de Daluz, morto em função da agressão. O sacrifício de Jovina, por seu turno, ocorre próximo ao poço apenas porque Germana e Dolor tentam impedir que a criança seja levada; os agregados

---

29 J. Chevalier; A. Gheerbrant, op. cit., p. 126.

avançam em direção às três, e o resultado da confusão é a morte da menina.

Não por acaso, a filha de Germana é flagrada rompendo o jejum ao buscar água no poço, símbolo do segredo ou dissimulação da verdade. É como se a cisterna estivesse ali para denunciar a inviabilidade e a falsidade da abstinência, entendida de maneira deturpada, já que se configurou como uma imposição e não como uma escolha das crianças.

De qualquer forma, há a impressão de que, se não tivesse havido resistência, Jovita seria levada para ser sacrificada na mata, assim como ocorreu com as personagens agredidas anteriormente. A constatação de que o córrego funciona como local de purificação e transfiguração, ao passo que a floresta é cenário dos rituais de expulsão do demônio, nos permite concluir que a natureza desempenha um forte papel catalisador da exaltação messiânica.

É interessante observar, por outro lado, que Artuliana é executada pelos policiais depois de correr em direção à mata para pedir que não atirem. Da mesma forma, os disparos que executam os meeiros partem da vegetação, de modo que os assassinos permanecem encobertos pelo arvoredo. Esses dados levam à dedução de que a floresta, símbolo do inconsciente, potencializa a violência instintiva de cada uma das personagens, não apenas dos adventistas. Nesse sentido, no final da peça, todos estão alucinados: de um lado, os atiradores em ação, de outro, os agregados que cantam e pulam nus. Ana, Manoel e Dolor, por sua vez, encontram-se abraçados em silêncio no meio do círculo de meeiros, à espera da morte.

As rudimentares cerimônias de purificação, pautadas pelo sacrifício ou pela agressão dos indivíduos possuídos pelo demônio, são peremptoriamente rechaçadas pela Igreja cristã, na qual os mecanismos de repressão aos pecadores articulam-se de modo mais sofisticado. Assim, conforme salienta Bourdieu, quando as relações de força entre as novas seitas e o catolicismo são favoráveis à Igreja Católica, a "consolidação dessa depende da supressão do profeta (ou da seita) por meio da violência física ou simbólica (excomunhão)"[30]. Por essa

---

30 Op. cit, p. 62.

razão, tal e qual aconteceu em Catulé, Minas Gerais, as figuras ficcionais de Jorge Andrade são executadas pelas forças hegemônicas da localidade.

O DILEMA DA TERRA E OS SEUS PEREGRINOS

Nas três peças representativas do mundo rural aqui analisadas, observam-se alguns pontos de contato. Nas classes oprimidas estão, em *Auto da Compadecida*, João Grilo, Chicó, Severino do Aracaju e o Cangaceiro; em *Morte e Vida Severina*, Severino e os demais retirantes, o Trabalhador de Eito, os Coveiros, os acompanhantes de reza, as Ciganas, seu José carpinteiro e seus vizinhos; em *Vereda da Salvação*, todo o grupo de meeiros. Fazendo pão, inventando trapaças, roubando, matando, carpindo, enterrando, fugindo, plantando, colhendo ou rezando, as personagens desse setor vivem no limite, conseguindo a duras penas, ou à custa de muita criatividade, manter-se vivas.

No campo religioso tem-se, em *Auto da Compadecida*, o Bispo (classe dominante), o padre João, o Frade e o Sacristão (classe intermediária, dependentes), e as figuras sobrenaturais, habitantes do Céu e do Inferno (não classificáveis); em *Morte e Vida Severina*, a rezadora Mulher da Janela (classe intermediária, autônoma); em *Vereda da Salvação*, Onofre e o enviado da capital (classe intermediária, dependentes) e o líder Joaquim (classe oprimida). É evidente que as personagens que exercem liderança religiosa nas peças, apesar de oferecerem a redenção (ou a perdição) dos excluídos, não efetuam nenhuma ação concreta no sentido de mudar as desigualdades sociais ou melhorar a qualidade de vida dos desafortunados.

Deduz-se, de modo geral, que os representantes das classes localizadas acima da esfera dos oprimidos, nas peças, reiteram a relação de exclusão com os desafortunados. Outro dado pertinente de avaliação diz respeito à mobilidade das personagens. Se, por um lado, João Grilo e Chicó conseguem, através de suas trapaças, sobreviver na vila de Taperoá, e Manoel e sua família mantinham-se vivos na mesma fazenda até o conflito religioso instalar-se, as demais personagens das peças, Severino do Aracaju e o Cangaceiro, os severinos retirantes e os meeiros adventistas, por outro, têm que recorrer à estratégia do deslocamento contínuo como forma de manutenção da existência.

Quer explorando o humor oriundo das narrativas populares em *Auto da Compadecida*, a resistência do retirante nordestino em *Morte e Vida Severina* ou o delírio messiânico como fuga possível da opressão em *Vereda da Salvação*, as peças que tematizam o desvalido rural apresentam três pontos centrais de convergência: a religiosidade, o deslocamento e a ausência de bens materiais, sobretudo a terra.

A principal causa das situações de violência entre os desafortunados do meio rural vincula-se, nas peças, em maior ou menor grau, à problemática da posse da terra.

Na peça de Suassuna, Severino do Aracaju e o Cangaceiro matam o Bispo, o Padre, o Sacristão, o Padeiro, a Mulher e João Grilo; este, antes de morrer, também elimina os bandidos em legítima defesa. Sabe-se que quem inicia a sequência de óbitos é Severino do Aracaju, que teve a família trucidada pela polícia. O fora da lei, todavia, num momento de devaneio, anterior à execução das figuras ficcionais, deixa entrever o seu sonho: "Podia comprar uma terrinha e ia criar meus bodes. Umas quatro ou cinco cabeças de gado e podia-se viver em paz e morrer em paz, sem nunca mais ouvir falar no velho papo-amarelo."[31]

A fantasia de um dia deixar de usar o velho "papo-amarelo" – nome dado à espingarda Winchester 44, trazida dos Estados Unidos pelos grandes seringalistas durante a revolução acriana no final do século XIX – revela que Severino cansou de protagonizar cenas de violência. O seu passado criminoso, contudo, inviabiliza qualquer tentativa de regeneração. O texto deixa implícito, de qualquer forma, que o pistoleiro provavelmente teria seguido outro rumo se sua família não tivesse sido assassinada e eles tivessem um pedaço de terra e condições de subsistência.

Em *Morte e Vida Severina*, a violência gerada pelos conflitos agrários está ainda mais evidente. Severino Lavrador, o primeiro defunto, é executado a mando de latifundiários anônimos por ter ousado adquirir um pedaço de terra. O Trabalhador

---

31 Op. cit., p. 110.

de Eito, da terra tão almejada, consegue apenas o suficiente para sua sepultura no momento da morte. Mesmo o Severino-protagonista deixa seu local de origem porque ele é dominado pelas práticas exploratórias dos descendentes do coronel Zacarias. Severino, como tantos outros nordestinos, retirantes ou não, sofre a violência da fome e do cansaço, desencadeada pela ausência de condições dignas de permanência no campo. A impossibilidade de ter um pedaço de terra para nela plantar confere aos trabalhadores rurais duas alternativas ingratas: a migração ou a sujeição ao trabalho semiescravo.

No texto de Jorge Andrade, de modo similar, a mesma temática ganha força, pois a terra também é o sonho dos lavradores, cansados da exploração da atividade meeira. A revelação de Manoel sobre o passado da região deixa claro como os pequenos trabalhadores rurais foram gradativamente expulsos das terras que habitavam:

MANOEL: Nunca saí dessas beirada. Quando eu era menino só tinha duas fazenda, o resto era mata e cada um de nós tinha uma posse. Desde que a estrada grande passou pela terra da mata, virou tudo uma anarquia. Só restou fazenda maior. Ninguém tinha dinheiro p'ra comprar arame farpado e cercar as posse. Quando vimos, a gente é que estava cercado. Parece que a estrada foi passando e largando dono p'ra todo lado. E tudo com possança! P'ra continuar foi preciso morar de favor.[32]

Vê-se que os grandes latifundiários também se apropriaram da terra; a diferença é que tinham dinheiro para demarcá-la. Além disso, usaram de violência para expulsar os pequenos lavradores ou, quando muito, os deixaram ficar "de favor", desde que concedessem, em contrapartida, metade de sua produção[33].

32 Op. cit., p. 254.
33 Embora as peças tenham sido escritas na década de 1950 e remetam a uma problemática nacional da época, sabe-se que a distribuição da terra continua uma questão delicada a ser resolvida no Brasil. Não por acaso, o Movimento dos Trabalhadores Rurais Sem Terra (MST), surgido no final da década de 1970, configura-se, atualmente, como movimento popular organizado no país. O movimento, de inspiração marxista, tem se destacado como defensor de uma agricultura de minifúndios, em que o regime de produção é familiar e ecologicamente viável. Nesse contexto, o grupo não reivindica apenas a posse de terras improdutivas, mas também uma política governamental que dê condições para que os agricultores sobrevivam com decência e qualidade de vida no espaço concedido.

Constata-se que as personagens do meio rural, no drama brasileiro, encontram sérias dificuldades de sobrevivência. Quer sonhando com uma terra que os sustente de forma digna (Severino do Aracaju, Severino Lavrador, Trabalhador de Eito, grupo de meeiros de *Vereda*), quer almejando, se não a terra, um local de trabalho com relações contratuais decentes (João Grilo, Chicó, Severino-retirante, Coveiros), os miseráveis pertencentes ao mundo agrário de Suassuna, Melo Neto e Andrade carecem de um espaço físico e social apropriado para exercerem com qualidade a sua cidadania.

Talvez por essa razão, eles sejam retratados predominantemente sob o ponto de vista da rua. A embaraçosa tarefa de encontrar uma moradia adequada faz com que algumas das personagens da trama permaneçam em contínuo deslocamento. Severino-protagonista e boa parte dos lavradores de *Vereda da Salvação* encontram-se nessa categoria. Os fora da lei Severino do Aracaju e Cangaceiro, embora não estejam à procura de um lar, também se deslocam frequentemente para despistar a polícia e, ao mesmo tempo, encontrar novas vítimas. João Grilo e Chicó, apesar de viverem há anos na vila de Taperoá, são retratados em ambiente externo, no pátio da igreja, local apropriado para encontrar e ludibriar os conterrâneos. A representação das personagens, preferencialmente no espaço da rua, local de luta, trabalho e também do imponderável, acaba sendo o lugar mais apropriado para a atuação daqueles que ainda buscam a sua inserção social.

Ainda a esse respeito, João Grilo, Severino e Joaquim podem ser vistos como figuras paradigmáticas do quesito deslocamento, já que os três percorrem um árduo caminho de privações que os leva à redenção. João Grilo, depois de criar várias histórias rocambolescas como forma de sobrevivência, morre, vai para um ambiente sobrenatural, onde é julgado e absolvido, para, a seguir, retornar à vida, cumprindo uma trajetória mística que o faz ver a importância da abnegação. Severino desloca-se da Serra da Costela até o Recife, a pé, deparando-se, em vários momentos, com a morte, o que o faz pensar em suicídio; no entanto, o nascimento de um provável menino Jesus, em roupagem nordestina, o faz mudar de ideia. Joaquim, por seu turno, depois de muito mendigar de fazenda em fazenda com sua mãe, estabelece-se na fazenda dos católicos Seu Francisco e Dona Rita, onde, para a surpresa dos latifundiários, adere ao adventismo, crença que o faz descobrir-se como Cristo reencarnado, responsável por conduzir o seu rebanho ao destino da salvação. João Grilo, Severino e Joaquim perfazem, dessa forma, um tortuoso trajeto que os leva à remissão, real ou apenas desejada.

No que tange à importância dos mortos ou da morte nas peças, vê-se que em *Auto da Compadecida* o extermínio das personagens é fundamental para que as almas iniciem o processo de clemência, a partir do contato com a esfera divina. No poema cabralino, a constante presença de velórios e defuntos denuncia a violência rural, dimensionando a árdua luta pela sobrevivência dos retirantes nordestinos. Já na peça de Jorge Andrade, os assassinatos de Jovina e do bebê, somados à posterior chacina dos meeiros, revelam a intolerância das personagens em relação a seus pares e/ou subordinados.

Infere-se ainda que os desafortunados do interior, nas três peças, constroem ou são contemplados com a instauração de um espaço mítico que, vinculado ao outro mundo, contrapõe-se à dura realidade cotidiana. Em *Auto da Compadecida*, o julgamento divino ocorre em ambiente sobrenatural; em *Morte e Vida Severina*, a trajetória do retirante é entendida como peregrinação, tendo-se ao final o encontro com a dimensão divina; e em *Vereda da Salvação*, ocorre a construção de uma simbologia messiânica própria e, posteriormente, o delírio em direção à suposta libertação.

É interessante observar que, nas três perspectivas míticas, os miseráveis entram em contato com o arquétipo de Jesus. Entendendo o arquétipo como conjunto de símbolos profundamente arraigados no inconsciente coletivo, segundo Jung, observa-se que a figura do Salvador está associada ao sacrifício e à abnegação em prol da humanidade. Materializado ou subentendido nas peças como um negro, um bebê ou, ainda, reencarnado em Joaquim, a presença do filho de Deus dá novo sentido à miséria para os desvalidos.

Nos casos de *Auto da Compadecida* e *Morte e Vida Severina*, sobressai-se o caráter moralizante das peças, característica dos autos, nos quais a miséria é retratada com certa beleza, na medida em que favorece a ascensão espiritual, segundo a doutrina cristã. Em *Vereda da Salvação*, por sua vez, a miséria não desempenha essa função, uma vez que é apenas propulsora de um constrangedor delírio messiânico. É importante reconhecer, todavia, que enquanto *Auto da Compadecida* propõe-se a ratificar os preceitos cristãos, em que o percurso miséria-sofrimento-redenção enaltece o ascetismo e a manutenção da ordem social, *Morte e Vida Severina* apresenta um viés ambivalente. As perspectivas da migração e peregrinação, levantadas anteriormente, tornam a leitura da peça ambígua nesse sentido, pois o poema dramático pode tanto remeter à exaltação das normas católicas como à denúncia de uma condição agrária sufocante.

Enquanto *Auto da Compadecida* e *Morte e Vida Severina* remetem ao imaginário católico/cristão, reforçando a figura do miserável como alguém digno de uma compensação ou resposta metafísica, *Vereda da Salvação* apresenta uma dura crítica aos sistemas religiosos: o catolicismo é visto como instaurador da ordem social e o protestantismo é caracterizado como um caminho alienante. Se na perspectiva religiosa, subentendida nos textos de Suassuna e João Cabral, a miséria tende a ter uma explicação de ordem transcendental, no de Jorge Andrade a tentativa de justificá-la fora do domínio das relações humanas soa patética.

3. Os Habitantes da Favela

Consequência da desigualdade racial e social, a favela surgiu, no Brasil, no final do século XIX, com o término do período escravista. Base para a manutenção da economia brasileira até o final do Império, a escravidão impôs aos negros o trabalho forçado em plantações agrícolas, sobretudo a canavieira, iniciada no século XVI, e na exploração de metais preciosos, a partir do século XVIII. Tratados de maneira subumana e considerados mera força de trabalho, os negros, exilados de sua pátria e de sua cultura, ganharam a liberdade apenas em 1888, com a promulgação da Lei Áurea. A motivação para tal decisão política, entretanto, foi de cunho econômico, baseada na necessidade de transformação da estrutura colonialista em capitalista emergente, pautada pela industrialização e pelo comércio de bens de consumo.

Para Darcy Ribeiro, a abolição, ao dar uma certa mobilidade aos negros, "encheu as cidades do Rio e da Bahia de núcleos chamados africanos, que se desdobraram nas favelas de agora"[1]. Libertos e abandonados, sem que houvesse nenhuma preocupação em como inseri-los no novo mercado de trabalho, os negros mantiveram a duras penas a sua subsistência. Ainda

1   *O Povo Brasileiro*, p. 194.

segundo o sociólogo, a partir de 1940, o monopólio da terra e a monocultura promoveram a expulsão de parte significativa da população brasileira do campo.

O espantoso e crescente êxodo rural inchou as cidades, complexificando os processos de urbanização. A população de desvalidos, de maioria negra, teve que encontrar saídas para os seus problemas mais emergentes, aprendendo "a edificar favelas nas morrarias mais íngremes fora de todos os regulamentos urbanísticos, mas que lhe permite viver junto aos seus locais de trabalho"[2]. A cidade do Rio de Janeiro, onde as favelas foram construídas próximas a bairros mais nobres, é um exemplo inequívoco desse processo.

Etimologicamente, a palavra "favela" constitui-se da união de *fava* + *ela*. O termo foi alcunhado pelos soldados de Canudos, que acamparam num morro coberto pela planta fava, situado próximo à comunidade de Antônio Conselheiro. Os militares chamaram o local de "Morro da Favela"; a nomenclatura foi retomada quando os soldados, de volta ao Rio de Janeiro, habitaram casas precárias no Morro da Providência, no final do século XIX. E, a partir da década de 1920, estendeu-se aos outros morros com caracterização habitacional semelhante. É curioso observar que a palavra, já na sua origem etimológica, está vinculada a uma situação de violência: o genocídio praticado em Canudos.

Em outra acepção do *Dicionário Aurélio*, lê-se que favela é o "Conjunto de habitações populares toscamente construídas (por via de regra em morros) e com recursos higiênicos deficientes". Caracterizada pela precariedade financeira e fruto dos mecanismos históricos de exclusão social, a favela será analisada, a seguir, no campo ficcional.

Bandidos, prostitutas, macumbeiras, cantores de samba, biscateiros, lavadeiras, engraxates e malandros são algumas das personagens da favela brasileira. Nesse sentido, serão estudadas comparativamente as peças *Orfeu da Conceição* (Vinicius de Moraes) e *Gota d'Água* (Chico Buarque e Paulo Pontes), por apresentarem pontos de contato, como protagonistas inspirados na mitologia grega e vinculados à música e ao samba. De outra parte, *Pedro Mico* (Antonio Callado) e *Gimba*

2 Ibidem, p. 204.

(Gianfrancesco Guarnieri) assemelham-se por retratarem protagonistas bandidos.

"ORFEU DA CONCEIÇÃO", DE VINICIUS DE MORAES, E "GOTA D'ÁGUA", DE CHICO BUARQUE E PAULO PONTES

Embora alguns pesquisadores acreditem que *Pedro Mico* tenha inaugurado a temática da favela nos palcos brasileiros[3], a primazia é, de fato, do musical *Orfeu da Conceição*, publicado em 1954 pela revista *Anhembi*. A peça de Vinicius de Moraes, composta por três atos, estreou em setembro de 1956 no Teatro Municipal do Rio de Janeiro, com direção de Leo Jusi, tendo Haroldo Costa, ator oriundo do Teatro Experimental do Negro (TEN), no papel de Orfeu. Tom Jobim assinou as músicas e Oscar Niemeyer criou a cenografia do espetáculo. A noite de estreia também contou com o lançamento de uma edição de luxo do texto, com ilustrações de Carlos Scliar. Já *Gota d'Água* estreou no ano de publicação da peça, em 1975, tendo Gianni Ratto como diretor, direção musical de Dori Caymmi, e Bibi Ferreira e Roberto Bomfim como protagonistas.

Os seguintes pontos de aproximação entre *Orfeu da Conceição* e *Gota d'Água* são identificáveis: 1. a transposição de um mito de origem grega para a realidade brasileira; 2. a dicotomia morro *versus* cidade, com o herói favelado deslocando-se para o centro urbano; 3. heróis masculinos vinculados ao estereótipo do malandro poeta e protagonistas femininas ligadas ao trabalho doméstico; 4. a menção ao outro mundo. Na sequência, esses tópicos serão desenvolvidos.

A Transposição de um Mito de Origem Grega

Orfeu, Eurídice, Medeia e Jasão, pertencentes à mitologia grega, são transpostos para a realidade dos desafortunados brasileiros do século XX. Nas duas peças a favela carioca surge como

---

3 Ligia Chiappini atribui a *Pedro Mico* (1957) o pioneirismo de apresentar uma favela como cenário brasileiro; as datas, no entanto, revelam que o ineditismo da proposta deve-se a *Orfeu da Conceição*, encenada um ano antes de *Pedro Mico*, em 1956.

ambientação propícia para a releitura do percurso trágico dos protagonistas.

Orfeu da Conceição, definida como "tragédia carioca em três atos", inspira-se, como o título anuncia, no mito de Orfeu. Nele, o jovem músico, diante do falecimento da amada Eurídice, decide buscá-la no Reino das Sombras. Depois de encantar com os acentos melódicos de sua lira as Eríneas, deusas violentas, e Cérbero, o cão de várias cabeças que guarda o reino de Hades, Orfeu consegue entrar no Inferno em busca de sua adorada. O implacável Rei das Sombras convence-se do amor de Orfeu e decide libertar a ninfa, mas com uma condição: o amante não deve olhar para trás no intuito de confirmar se a jovem o está seguindo. No caminho de volta, entretanto, Orfeu, impaciente por ver Eurídice, volta-se para ela, perdendo-a para sempre.

O exímio tocador de lira mítico é transformado, na versão de Vinicius, num sedutor sambista do morro do Rio de Janeiro, na década de 1950. Com os acordes de seu violão, Orfeu conquista várias mulheres do morro, mas apaixona-se perdidamente por Eurídice e é por ela correspondido. No entanto, Aristeu, que gosta da jovem, e Mira, ex-amante do violeiro, são os responsáveis pela separação dos enamorados. Insuflado por Mira, Aristeu mata Eurídice momentos depois de ela entregar a sua virgindade a Orfeu.

A trajetória do herói, que após o assassinato da amada tenta buscá-la no Inferno, sem sucesso e, desiludido, acaba trucidado por mulheres vingativas, é análoga a de seu homônimo grego. A peculiaridade da versão brasileira é que o Inferno, na versão de Moraes, é retratado a partir de um baile de Carnaval que ocorre na cidade, tornando duvidosa a existência daquele espaço como sobrenatural. Ademais, Orfeu não chega a encontrar a verdadeira Eurídice, mas apenas simulacros da jovem, de modo que a ida ao "Inferno" resulta em algo frustrante. Na volta ao morro, após ser atacado pelas prostitutas, é que o herói depara-se com a Dama Negra, figura obscura que representa o Hades e que o recepciona com a voz de Eurídice.

Gota d'Água é igualmente baseada em um mito grego, em que a feiticeira Medeia, após ser traída pelo marido Jasão, planeja uma impiedosa vingança. A neta do deus Sol mata o rei Creonte e sua filha para, na sequência, assassinar os próprios filhos como forma de punir o amante que a abandonou. O final, na versão mais espetacular do mito, dá-se com a heroína fugindo com os cadáveres de sua prole numa carruagem de fogo governada por dragões.

Na transposição brasileira de Chico Buarque e Paulo Pontes, escrita em dois atos, com versos e rimas, a ação se passa em um morro do Rio de Janeiro que é, aos poucos, transformado em um conjunto habitacional popular. Joana e Jasão são moradores da favela: ela lava roupas para fora, ele quer viver de música. Creonte, o dono dos imóveis, mantém uma relação de exploração com a comunidade, cobrando juros elevadíssimos e intermináveis para a aquisição das casas. A traição de Jasão dá-se quando ele decide abandonar a esposa para casar-se com Alma, a filha de Creonte, o que lhe possibilitaria ascender socialmente. Joana, transtornada pela traição, incita o ódio contra Creonte entre os moradores da favela e acaba sendo expulsa de seu casebre. No dia do casamento de Jasão e Alma, ela manda pelos filhos um bolo envenenado, direcionado à noiva e a seu pai, mas, ao contrário da versão original, a heroína não consegue atingi-los, pois a oferenda é negada. Sentindo-se sem saída e tendo como meta atacar Jasão, Joana envenena os filhos e, em seguida, também se mata, comendo a porção contaminada.

As duas transposições dos mitos gregos para a atualidade brasileira aqui apresentadas preservam a estrutura básica das narrativas orais da Grécia, introduzindo pequenas modificações: o Orfeu de Moraes não encontra Eurídice no suposto Inferno e a Joana de Buarque e Pontes não consegue matar Creonte e sua filha, além de não apresentar os mesmos poderes mágicos de Medeia.

Como ponto em comum, as duas peças transferem os heróis para a favela. Por que os autores brasileiros entenderam esse espaço como o mais adequado para a ação de seus protagonistas? É o que será visto a seguir.

A Dicotomia Morro Versus Cidade

O primeiro aspecto que chama a atenção na análise da distinção entre o espaço do morro e o da cidade é o embelezamento da favela. Na primeira rubrica de *Orfeu*, é possível perceber a atmosfera de encantamento proposta pelo dramaturgo: "Noite de lua, estática, perfeita. No barraco de Orfeu, ao centro, bruxuleiam lamparinas."[4] A expressão "bruxuleiam lamparinas" indica a ausência de luz elétrica nas casas do morro, já que as pequenas luminárias, movidas a óleo ou querosene, costumam oscilar frouxamente, propagando uma luminosidade diferente da elétrica. É curioso notar a forma lúdica como Vinicius retrata a realidade da favela: em vez de escrever simplesmente: "No barraco de Orfeu, ao centro, veem-se luzes emitidas por lamparinas a óleo", ele opta pela construção "bruxuleiam lamparinas", que cria no imaginário do leitor a visão de que as luzes têm vida e tremulam para lá e para cá, como pequenas mariposas noturnas. Esse é um exemplo, entre outros, em que é possível identificar o embelezamento da favela. A presença de músicas como "São Demais os Perigos Dessa Vida", "Se Todos Fossem Iguais a Você" e "Mulher Sempre Mulher", compostas por Vinicius de Moraes em parceira com Tom Jobim, potencializa a poesia que advém do morro.

Chama a atenção, ainda, a fala sofisticada desenvolvida pelas personagens, o que acentua o tom de idealização do morro. Nessa direção, Sábato Magaldi alerta para o fato de o primeiro e o terceiro atos serem escritos em verso, enquanto o segundo encontra-se em prosa, enfatizando que nenhum argumento lógico justifica satisfatoriamente essa liberdade, considerando essa alternância uma desatenção para com o esqueleto da peça, conclui: "A peça apresenta cenas soltas de inegável beleza e lamentamos que o autor não tenha organizado melhor a estrutura dramática da história."[5] Fica-se com a impressão de que a opção em diversificar as falas entre prosa e verso não é um descuido, como pensou o crítico, mas uma escolha pensada, que remete à dicotomia espacial mencionada acima. Por essa razão, o primeiro e o terceiro atos, transcorridos no ambiente da favela, propício ao sonho e à fantasia, são retratados em versos, ao passo que a cidade, vinculada à desordem, é desvelada em prosa.

Em *Gota d'Água*, a linguagem utilizada pelos moradores é proferida em versos, alternando-se entre sofisticada – pelo uso

---

4 V. de Moraes, *Orfeu da Conceição*, p. 17.
5 *Moderna Dramaturgia Brasileira*, p. 90.

de rimas e metáforas – e vulgar – pela utilização de palavrões e gírias. Assim, a mesma Joana que diz "Vai dar conselho a puta que o pariu"[6] também afirma: "Seu povo é que é urgente, força cega, / coração aos pulos, ele carrega / um vulcão amarrado no umbigo / ele então não tem tempo, nem amigo."[7] Além disso, de modo análogo a *Orfeu*, a presença de músicas como "Flor da Idade", "Bem-Querer" e aquela que intitula a peça, "Gota d'Água", de autoria de Chico Buarque, entre outras, reforçam igualmente o lirismo da favela.

Em *Orfeu da Conceição*, outro dado importante em termos de configuração espacial é a localização do clube Maiorais do Inferno, que se encontra na cidade. Se em *Auto da Compadecida* existe uma leve associação entre o Inferno e a cidade, ambos localizados na mesma direção, na obra de Vinicius essa analogia é explícita. O compositor, ao chegar ao clube da cidade, é barrado por Cérbero, de modo similar ao Orfeu mítico quando tenta entrar no Inferno, o que indica que a sua presença não é bem-vinda. A justificativa para tal rejeição é o fato de o músico não pertencer àquele espaço. Em nenhum momento, Cérbero fala com o músico, indagando-lhe se possui um convite para entrar no local. A simples mirada em direção ao protagonista e a sua cor negra é o suficiente para que o leão de chácara invista contra ele. Ainda segundo a rubrica, "só não o trucida porque Orfeu não para de tocar a sua música divina, que o perturba"[8]. Aflora, nesse momento, a hierarquia espacial entre habitantes do morro e moradores da cidade, ficando claro que certos locais do espaço urbano, segundo normas informais, não são apropriados para os favelados do morro.

Os comandantes da festa de Carnaval, Plutão e Proserpina, tanto podem pertencer ao mundo sobrenatural quanto ao terreno. Podem ser os donos do Inferno ou seres humanos peculiarmente gordos, com uma função clara no Carnaval: rei e rainha momos. Cérbero, da mesma forma, caracteriza-se como um ser ambivalente, podendo ser compreendido como um cão de muitos braços e cabeças, guardião do Inferno, ou como um leão de chácara do clube, fantasiado de monstro para a festa.

---

6   C. Buarque; P. Pontes, *Gota d'Água*, p. 71.
7   Ibidem, p. 126.
8   V. de Moraes, op. cit., p. 56.

Os foliões do clube, da mesma forma, podem ser almas penadas ou apenas carnavalescos.

Durante a estada do herói no baile, contudo, em nenhum momento ele consegue alguma pista sobre o paradeiro de Eurídice, o que reforça a leitura do clube como um lugar terreno, sem conotação sobrenatural. Embora algumas mulheres embriagadas digam "Eu sou Eurídice", isso se deve à situação de Carnaval, em que cada um pode assumir o papel que quiser. Se a possibilidade do transcendente no Maiorais do Inferno é duvidosa, no morro ela é bastante nítida, já que a Dama Negra está, sem dúvida, vinculada ao outro mundo. Assim, Orfeu busca na cidade o contato com o sobrenatural, mas em vão, pois ele só ocorre na favela. Quando a personagem está próxima da morte, a Dama Negra surge e fala com a voz de Eurídice, dado que confirma a presença de um mundo diferente do humano.

Orfeu, depois da tentativa frustrada de encontrar Eurídice na cidade, nega-se a tocar novamente o seu violão, uma vez que a sua amada é a inspiração necessária para o músico. Em contrapartida, por garantir a paz e a harmonia da favela com suas melodias, o violeiro representa a própria poesia em si. Nessa perspectiva, Eurídice e Orfeu podem ser lidos como duas alegorias, da inspiração e da poesia, respectivamente. O herói, tendo perdido o seu impulso criador (Eurídice), tenta resgatá-lo na cidade, sem sucesso, tendo em vista que a possibilidade de voltar a ter o que foi perdido não está no centro urbano, mas na favela.

Por essa razão, é no morro que Orfeu escuta a voz de Eurídice no corpo da Dama Negra. Isto é, o momento em que ele se aproxima da amada, quando está à beira da morte, não ocorre no Inferno-cidade. O morro é o espaço possível para a realização da fantasia e para o contato com o transcendental, em oposição à aridez e à confusão da cidade. O reencontro entre "inspiração" e "poesia", mesmo que em outro mundo, é o que permite que o som divino do violão de Orfeu volte a ser ouvido no morro, conforme revela o coro no final da peça.

A dicotomia espacial morro *versus* cidade, analisada em *Orfeu*, também está presente em *Gota d'Água*. De modo estilizado, sem conotação realista, os ambientes da peça materializam-se através de *sets* coletivos, que se alternam no morro, e *sets* privados, pertencentes aos domínios de Creonte e de Joana.

No espaço do morro predominam os *sets* públicos, como o *set* das vizinhas, espécie de pátio coletivo em que as mulheres lavam, estendem e passam roupas; o *set* do botequim, onde os homens bebem e comentam sobre os acontecimentos da vila; e o *set* da oficina de eletrodomésticos, local de trabalho de mestre Egeu, a personagem mais lúcida, responsável por tentar articular uma forma de resistência à exploração de Creonte e por identificar o processo de cooptação de Jasão, comum no sistema capitalista. Além desses três espaços públicos, há o *set* de Joana, reservado para os momentos de maior densidade dramática, quando a protagonista confronta-se com Jasão e Creonte.

Fora do morro, há o *set* de Creonte, composto por uma cadeira imponente, trono simbólico do poder exercido pelo proprietário das casas, posteriormente repassado a Jasão. Nesse ambiente, têm-se os encontros dos noivos Alma e Jasão, assim como as confabulações entre Creonte e Jasão para manter o regime de exploração dos moradores da Vila do Meio-Dia.

A alternância entre ambientes públicos e privados ajuda a visualizar a ambiguidade temática da peça. Embora aparentemente *Gota d'Água* tenha como conflito central a questão passional entre Joana e Jasão, conforme ocorre no mito grego, na verdade ela evidencia outra problemática, de ordem coletiva. A forma como o compositor de sambas se envolve com Alma, filha de Creonte, objetivando assim migrar de *status*, desponta na trama como um embate entre classes sociais: Jasão é acusado, por Joana e por outros membros da comunidade, sobretudo por mestre Egeu, de trair os seus, já que será o sucessor dos negócios do sogro, perpetuando a relação de exploração com os moradores da favela. Assim, na versão brasileira o caráter de tragicidade do mito é respaldado pelo contexto econômico no qual as personagens estão inseridas. Mais do que o impulso individual de vingança, presente em *Medeia*, Joana, de *Gota d'Água*, é influenciada pelo coletivo e sofre as limitações impostas por sua condição social.

De modo semelhante ao verificado nas peças do eixo rural, o interior das residências não é destacado em *Orfeu* e *Gota d'Água*. Mesmo quando Eurídice entrega-se a Orfeu, o público visualiza apenas a entrada dos dois na maloca e a saída da jovem, que, a seguir, é assassinada por Aristeu. A concentração dos eventos no pátio, situado em frente ao casebre do protagonista, determina que as personagens do morro sejam reveladas sob a perspectiva da rua.

Em *Gota d'Água*, de modo similar, os espaços coletivos onde o coro atua são relevantes. O *set* das vizinhas contrapõe-se ao *set* do botequim: no primeiro, estão as mulheres que trabalham incansavelmente; no segundo, os homens malandros e fazedores de bico. É nítida a representação das mulheres como esteio financeiro das famílias e dos homens como pouco afeitos ao trabalho árduo.

O *set* da oficina, de propriedade de mestre Egeu, opõe-se ao *set* de Creonte, já que predominam nesses lugares as conversas sobre o posicionamento político de Jasão em relação aos demais moradores da vila. Enquanto mestre Egeu tenta convencer Jasão acerca de sua responsabilidade com os filhos e de que não será possível permanecer "em cima do muro" na condição de marido de Alma, Creonte o seduz com a perspectiva de tornar-se o seu herdeiro.

O *set* de Joana é o ambiente no qual ocorrem as discussões da protagonista com Jasão e Creonte. No primeiro confronto entre ela e Jasão, questões íntimas do relacionamento são enfatizadas, mas no segundo embate vem à tona a precariedade financeira. A situação de opressão sofrida por quem mora na vila, antes subjacente, insinua-se como o principal motivo da separação do casal.

Como já mencionado, os ambientes retratados na peça de Buarque e Pontes não são realistas, mas estilizados. No interior do *set* de Creonte e do *set* de Joana, não há referência a objetos ou móveis, exceção feita à cadeira de Creonte, símbolo de seu poder. A ausência de móveis e objetos vinculados à intimidade das personagens enfatiza a função social de Creonte e Joana, em detrimento de seus caracteres psicológicos. Essa ênfase no aspecto social, aliada à presença de espaços coletivos, como o pátio, o botequim e a oficina, nos permite deduzir que as personagens de *Gota d'Água* estão, em sua maioria, retratadas sob o código da rua, segundo o qual as questões da coletividade sobressaem-se mais do que os dilemas íntimos.

Nas duas peças, o centro urbano ganha uma conotação negativa, em comparação ao ambiente da favela. Em *Orfeu da*

Conceição, a favela é inspiradora, local onde o músico compõe as suas harmoniosas melodias, ao passo que a cidade, representada pelo clube Maiorais do Inferno, é caótica e árida, incapaz de dar esperanças ao herói ou oferecer consolo para as suas dores. Em *Gota d'Água*, o único local retratado fora da favela é o *set* de Creonte, que representa o centro urbano, caracterizando-se como um espaço de poder e confabulação que objetiva manter a relação de opressão em relação aos moradores da vila. Já os *sets* das vizinhas, do botequim e da oficina mostram, no geral, uma coletividade sem recursos, trabalhadora, ingênua e solidária, mesmo levando em conta o perfil de malandragem de parte das figuras masculinas da peça. Em *Orfeu* e em *Gota d'Água*, a favela é retratada como um lugar poético, que possui algo de genuíno e, possivelmente por essa razão, os dramaturgos tenham entendido que esse seria o espaço mais adequado para a desventura de seus heróis.

Outro ponto de convergência entre as peças é a presença de um protagonista favelado que, por razões distintas, "invade" o espaço do centro urbano. Orfeu sai do morro por motivação afetiva, em busca de Eurídice, mas seu deslocamento resulta em frustração. Jasão, por sua vez, sai do morro e migra para o centro urbano por razões econômicas, pois quer migrar de classe social e está disposto a pagar um preço alto, ou seja, perpetuar a relação de exploração existente no morro. A sua ação, todavia, resultará em algo ainda mais catastrófico: a morte de seus filhos e de Joana.

Heróis Masculinos e Protagonistas Femininas

Orfeu e Jasão são compositores do morro. Os dois encantam os moradores da vila com suas canções, ainda que o segundo só tenha conseguido sucesso por meio do dinheiro de Creonte, que paga para que as rádios toquem sua música. Jovens e bonitos, os dois são figuras sedutoras: o violeiro move-se pela paixão por Eurídice, o sambista deseja a ascensão social. Ambos buscam sua realização num espaço que não lhes pertence: o primeiro quer encontrar Eurídice no metafórico Inferno personificado pela cidade; e o segundo deseja migrar de classe social a qualquer custo.

Orfeu e Jasão são indivíduos excluídos do mercado formal de trabalho. Embora não se saiba de nenhuma atividade ilícita dos compositores, fica claro que eles não pertencem ao mundo das leis, regras e horários trabalhistas. Para conseguir algum dinheiro, tentam emplacar os seus sambas. A música, nesse sentido, é o meio diferenciado por meio do qual eles conseguem retratar um cotidiano mais subjetivo e relativizado. Vê-se que, de certa forma, eles se colocam à margem do mundo "quadrado" da estrutura social, na medida em que sintetizam a frase utilizada por Roberto DaMatta: "Sou pobre, mas tenho cabrocha [mulher], o luar e o violão."[9]

Orfeu é um grande sedutor, tendo se envolvido com várias mulatas do morro; a sua escolha, porém, recai sobre a virginal Eurídice. Jasão, em contrapartida, encontra em Joana, mulher mais velha, um porto seguro; a possibilidade de desfrutar de uma vida mais confortável, no entanto, torna Alma uma parceira mais atraente. Embora não seja fato, é possível especular que talvez Orfeu reproduzisse o modelo do pai, Apolo, um violeiro sonhador que com o tempo entregou-se à bebida, sendo sustentado pela mulher, Clio, lavadeira. Não por acaso, Orfeu defende o pai quando a mãe o acusa de não trabalhar: "Se nada fez, é porque fez demais, fez poesia."[10] De qualquer forma, não há dúvida de que a casa de Orfeu é mantida pelo trabalho de Clio. A condição de músicos e a tendência a dependerem da figura feminina como arrimo financeiro ou emocional possibilitam a identificação dessas personagens como "malandros poetas". Embora se configurem como homens deslocados da produtiva engrenagem econômica, não se pode dizer que eles ameacem a sociedade, ação conferida ao "malandro bandido".

Se Orfeu e Jasão apresentam pontos de convergência, Eurídice e Joana são personagens acentuadamente distintas. A primeira é jovem, ingênua e, subentende-se, ainda não entrou no mercado de trabalho, já que não há referência a uma atividade remunerada exercida por ela na peça. Uma coincidência é que ambas sabem costurar: Eurídice costurou o próprio vestido de noiva e Joana exerceu por mais de seis anos a função de costureira. O que Eurídice tem de inexperiente, a mulher de

---

9 *Carnavais, Malandros e Heróis*, p. 133.
10 V. de Moraes, op. cit., p. 22.

Jasão tem de vivida, uma vez que exerceu diferentes ofícios para sobreviver: "dou injeção, tomo conta de louco [...] virei parteira, fiz mais de um aborto"[11]. Especulando sobre o que fará se for expulsa da vila, reflete: "lavo privada, coso pra madame, aperto parafuso ou vou pra zona"[12]. Nesse sentido, Joana aproxima-se mais de Clio, mãe de Orfeu. Ambas são mulheres maduras, guerreiras e trabalhadoras, responsáveis por sustentar os filhos e seus maridos.

Embora as protagonistas Eurídice e Joana tenham perfis diferentes, verifica-se, contudo, que elas estão no mesmo segmento, já que há uma dicotomia clara entre as personagens femininas do morro. De um lado, estão as trabalhadoras domésticas, que exercem atividades variadas, como lavar, costurar e cozinhar (Clio e Eurídice, em *Orfeu*, Joana, Corina, Nenê, Estela, Zaíra e Maria, em *Gota d'Água*); e de outro, as prostitutas da Tendinha, com destaque para Mira, em *Orfeu*.

A Menção ao Outro Mundo

As duas peças fazem referência a um mundo sobrenatural. Em *Orfeu*, ele está sugerido no baile de Carnaval do clube Maiorais do Inferno, no segundo ato, e explicitado através da Dama Negra nos demais atos. Metafórico ou não, o Inferno na peça de Vinicius de Moraes é comandado por um casal de rei e rainha momos, imensamente gordos. Plutão é um dos epítetos de Hades, o Rei dos Mortos, ao passo que Proserpina é a nomenclatura romana utilizada para designar Perséfone, a Rainha do Subterrâneo. A única circunstância em que um ambiente interno é retratado em *Orfeu* é quando as figuras ficcionais estão dentro do clube. No entanto, o fato de a festa acontecer em um local fechado não impede a sua vinculação com o Carnaval de rua.

Segundo DaMatta, o Carnaval de clube acaba reproduzindo a dinâmica da festa de rua, tendo em vista que a última também tem suas regras de adesão. Embora pareçam dois tipos de

---

[11] C. Buarque; P. Pontes, op. cit., p. 121.
[12] Ibidem, p. 85.

carnavais radicalmente diversos, "ambas as formas contêm os elementos clássicos do desfile: no clube, com as pessoas 'circulando' no salão; na rua, com as pessoas se engajando em grupos"[13].

A coerente conclusão do teórico deixa claro que, embora as personagens do segundo ato estejam em um lugar fechado, elas agem, durante a festa, de acordo com o parâmetro espacial da rua e, além disso, numa situação específica, num baile de Carnaval, onde qualquer fantasia é permitida. DaMatta disserta ainda sobre a inversão existente no ritual carnavalesco brasileiro, em que é possível suspender ou inverter temporariamente a classificação de pessoas, coisas e grupos no espaço social. Dessa forma, a liberdade de passar-se por algo diferente do que se é transformaria "a hierarquia quotidiana na igualdade mágica de um momento passageiro"[14].

O potencial de colocar as coisas fora de lugar justifica a frequente associação do Carnaval com a ilusão e a loucura. Por essa razão, Moraes utiliza a festa carnavalesca como possível disfarce para figuras pertencentes ao outro mundo. Isto é, o recurso do baile serve de mote para inserir as personagens míticas de Plutão e Proserpina, donos do Inferno, no contexto brasileiro.

Essa estratégia do dramaturgo permite uma leitura ambígua do segundo ato de *Orfeu da Conceição*, já que as personagens podem tanto vincular-se ao código da rua, em uma situação de baile carnavalesco, quanto ao do outro mundo, aceitando-se, nesse caso, a presença de um espaço sobrenatural. A aparição da Dama Negra, por outro lado, confirma a existência do outro mundo e confere a Orfeu, único capaz de vê-la, o potencial de entrar em contato com a esfera sobrenatural, ainda que de modo sutil, se comparado ao seu homônimo grego.

Em *Gota d'Água*, o outro mundo é mencionado apenas por Joana, quando ela invoca os seus orixás. Embora Alma sinta uma indisposição física e comente com Jasão o seu receio de que Joana tenha lhe direcionado algum mal através de trabalhos de macumba, a intervenção de forças sobrenaturais não se concretiza na peça. A trajetória da heroína brasileira altera-se de modo drástico, se comparada à de sua correspondente grega, Medeia, que foge com os cadáveres dos filhos em

13 Op. cit., p. 86.
14 Ibidem, p. 132.

uma fantástica carruagem, num final apoteótico e sombrio. Joana, embora busque de modo recorrente o apoio dos orixás, não tem o poder mágico de Medeia. Nenhum deus ou ente sobrenatural vem em seu auxílio. O desfecho da heroína grega, apesar de trágico, é glorioso, já que ela consegue executar a sua vingança e saboreá-la. Joana, em contrapartida, permanece só, frágil, à mercê dos perversos mecanismos de exclusão social.

Os seres míticos aparecem nas duas obras com outra roupagem, a de habitantes da favela, atualização que confere respeitabilidade peculiar às personagens dos dramas e, por extensão, ao ambiente do morro. Nesse sentido, não se trata da vida de João ou de Maria tão somente, mas da transfiguração de criaturas ancestrais, pertencentes ao imaginário coletivo. A transposição, para o mundo contemporâneo, de figuras como Orfeu, Eurídice, Medeia e Jasão, mesclada ao uso de músicas compostas por Tom Jobim, Vinicius de Moraes e Chico Buarque, confere uma beleza singular às duas peças teatrais.

"PEDRO MICO", DE ANTONIO CALLADO, E "GIMBA", DE GIANFRANCESCO GUARNIERI

Pedro Mico foi publicada em 1957 por Antonio Callado. A estreia deu-se em outubro do mesmo ano, no Rio de Janeiro, no Teatro Nacional de Comédia, com direção de Paulo Francis e atuação de Milton Moraes, pintado de negro, no papel-título. Beyla Genauer interpretou Aparecida, a companheira do bandido, e Oscar Niemeyer, que já havia criado o cenário de *Orfeu da Conceição*, assinou igualmente o de *Pedro Mico*.

Escrita em 1959, a partir de uma encomenda do produtor Sandro Polônio, *Gimba: Presidente dos Valentes*, de Gianfrancesco Guarnieri, é, sem dúvida, uma releitura de *Pedro Mico*. A estreia da peça deu-se em abril do mesmo ano, em São Paulo, pela Cia. Maria Della Costa, com direção de Flávio Rangel e cenário de Túlio Costa. O casal protagonista foi interpretado por Sebastião Campos e Maria Della Costa, pintada de mulata.

Flávio Rangel comenta que Polônio "estava de olho em *Pedro Mico*, de Antonio Callado, porque tinha vontade de fazer um musical"[15]. A ideia do produtor era adaptar o texto de Callado, transformando-o num musical. Ao saberem, todavia, que o proeminente autor de *Eles Não Usam Black-Tie* tinha um esboço de uma nova peça, Polônio e Eugenio Kusnet combinaram um encontro com Guarnieri e acertaram os parâmetros para a finalização do texto. A condição dada pelo produtor do Teatro Popular de Arte ao dramaturgo foi que a peça tivesse uma escola de samba, a fim de possibilitar certas intervenções apoteóticas, por meio de números musicais. Dessa forma, o esboço inicial transformou-se numa superprodução com aproximadamente quarenta atores, estreando com significativa repercussão e ganhando o Prêmio Saci de melhor espetáculo de 1959.

A trama de Gianfrancesco Guarnieri tem várias semelhanças com a de Antonio Callado. São analisados a seguir os seguintes pontos de conexão entre elas, de modo semelhante ao paralelo estabelecido entre *Orfeu* e *Gota d'Água*: 1. a dicotomia morro *versus* cidade, com a polícia invadindo o morro; 2. heróis masculinos vinculados ao estereótipo do malandro bandido e protagonistas femininas ligadas à prostituição; 3. a menção ao outro mundo e a influência de figuras míticas brasileiras na identidade dos malandros bandidos.

A Dicotomia Cidade Versus *Morro*

A fim de destacar as semelhanças no enredo, faremos uma breve síntese de cada peça.

A ação de *Pedro Mico*, condensada em ato único, passa-se no barraco da personagem-título, localizado em uma ribanceira do morro da Catacumba, no Rio de Janeiro. Pedro Mico é um bandido negro e carismático, especialista em escalar prédios altos, daí a alcunha "Mico", veiculada pela mídia. Durante a ação da peça, sabe-se que o herói, com medo de ser pego pela polícia, pretende fugir para o morro da Mangueira. Entretanto, o meliante, por ser analfabeto, necessita de alguém que saiba ler os jornais para descobrir, pelas páginas policiais, se as autoridades estão à sua procura e onde planejam encontrá-lo.

15 Apud J.R. Siqueira, *Viver de Teatro*, p. 68.

Por essa razão, a trama inicia com o protagonista adentrando seu barraco em companhia de Aparecida, uma prostituta branca e letrada. A jovem, que até então se prostituía na praia de Ipanema, aceitou o convite de Pedro Mico para se amigarem no morro. Na recente relação conjugal, caberá à companheira a tarefa de ler rotineiramente o jornal, em voz alta, para que o criminoso fique seguro de que os policiais não vão invadir o morro.

Após momentos de tensão, ao saberem que a polícia está rondando o morro, Zemélio, garoto de recados de Pedro Mico, entra no barraco e anuncia que a polícia está vindo para prendê-lo. Pressionado, o garoto confessa que Melize, enciumada, foi a responsável pela denúncia aos homens da lei. A mulata, arrependida, entra aos prantos, pedindo perdão ao meliante. No momento em que a moradia de Pedro Mico é cercada por três investigadores, Aparecida, Melize e Zemélio saem do barraco e tentam impedir a entrada dos policiais. No entanto, quando os investigadores conseguem entrar na maloca, não encontram ninguém, apenas a janela aberta; o paletó, avistado próximo à ribanceira, os faz deduzir que Pedro Mico cometeu suicídio.

Melize e Aparecida choram, a última sente-se culpada, achando que o espírito de Zumbi, invocado no momento em que ela contou a sua história, chamou o seu companheiro para a morte. Os policiais, cabisbaixos, vão procurar o cadáver na ribanceira. Aparecida fica sozinha na maloca, inconsolável; Pedro Mico, que havia se pendurado em uma corda fora da janela e se escondido embaixo do barraco, ressurge, lépido e faceiro. O humorado final da peça tem um toque irônico, no momento em que Pedro Mico e Aparecida, antes de fugirem para o Nordeste, imaginam o que aconteceria se o morro descesse, em massa, e invadisse as casas grã-finas.

Em *Gimba*, a mulata Guiomar vive num barraco com seu jovem parceiro, Gabiró, e com Tico, menino branco de origem desconhecida, a quem ela deu abrigo. Antes de amasiar-se com Gabiró, Guiô, como é conhecida, era amante de Gimba, que está foragido há quase três anos. A mulata está preocupada com Tico, há dias de cama com uma infecção que não passa. Além disso, mostra-se irritada com Gabiró, pois o companheiro não gosta de trabalhar, deixando a família sem condições de comprar a medicação que o garoto necessita.

O conflito central da peça tem início quando se sabe que a personagem-título está de volta ao morro. A subida do bandido é comemorada com fogos e, em pouco tempo, os malandros e criminosos se dirigem ao barraco de Guiô para fazer um samba de boas-vindas. Em certo momento, quando ficam a sós, o protagonista confessa a Guiô que veio até a favela para buscá-la e a convida para fugirem em direção ao Mato Grosso. O objetivo do meliante é trabalhar honestamente como empregado de uma fazenda, seguindo, junto com a parceira, uma rotina dentro das normas sociais. A ideia é levar Tico também, quando as coisas estiverem estruturadas; Guiô, que nunca deixou de amá-lo, aceita o convite. O primeiro ato encerra-se com Gimba mandando Gabiró dormir no quarto de Tico e reassumindo o posto de parceiro de Guiô.

Depois de apresentadas as linhas de força da peça, o segundo ato destaca-se pela ira dos humilhados, Gabiró e Chica Maluca. O primeiro, enciumado, age de modo parecido com Melize, de *Pedro Mico*, denunciando o protagonista à polícia. A segunda amaldiçoa Guiô e Gimba, invocando forças sobrenaturais para infernizá-los. O clímax do segundo ato dá-se no momento em que três policiais se aproximam da maloca de Guiô. A adolescente Amélia, para proteger Gimba, finge lavar roupa para despistar um dos policiais; ele tenta estuprá-la e Gimba o mata.

No último ato, Gimba refugia-se na maloca de Chica, com Guiô e Tico. O clima é de muita tensão; o bandido, desesperado, culpa a macumbeira pelo desenrolar desfavorável dos acontecimentos. Numa clara referência à peça de Callado, Guiô tem a ideia de ajudar Gimba a fugir por uma corda, colocada na janela que dá para a ribanceira. No momento em que o grupo está preparando a corda, feita com roupas, Gabiró surge, sinalizando para a polícia onde Gimba está escondido. A maloca é cercada e o delegado Damasco, com medo de que o fora da lei machuque alguém, decide negociar a rendição do criminoso. Após a intervenção de um repórter, que entra na maloca para conversar, Gimba, aconselhado pela mulata, decide entregar-se. Contudo, no momento em que está saindo do barraco, o policial Santana, histérico, acaba disparando sua arma e matando o herói. Enquanto Guiô chora a morte de seu amado, Tico, que havia ficado com a arma de Gimba, mata Gabiró, tornando-se o novo bandido famoso do morro.

Pedro Mico e *Gimba* apresentam ainda outras similaridades: a representação da favela como um local precário, sem saneamento e eletricidade; o malandro bandido que sofre o cerco policial; a parceira prostituta que age como cúmplice; o delator que denuncia o herói por ciúmes (Melize em *Pedro Mico*, Gabiró em *Gimba*); e a possibilidade de figuras vinculadas ao mundo sobrenatural (Zumbi em *Pedro Mico*, Chica Maluca em *Gimba*) intervirem no desfecho das peças.

A rubrica de *Pedro Mico* informa acerca dos móveis existentes no único cômodo da residência do meliante: "lata de gasolina de carregar água, cama, fogão, mesa de pau com bancos. No canto do fogão, prateleiras com louças etc."[16] A utilização de uma lata de gasolina para transportar água, associada à informação posterior de que "a luz é de um lampião de querosene em cima da mesa"[17], dá conta das péssimas condições de infraestrutura do barraco. Em *Gimba*, as referências ao fogareiro e à bacia d'água indicam que na maloca de Guiô, da mesma forma que na de Pedro Mico, não se tem luz elétrica nem água encanada.

Pensando na configuração espacial das peças, vê-se que *Pedro Mico* e *Gimba* desnudam, ainda que em parte, a privacidade doméstica de suas personagens: o cenário de *Pedro Mico* é composto por um único barraco; *Gimba* apresenta as malocas de Guiô, Chica e outras avistadas. Isso tem uma razão de ser, já que no texto de Callado a ação ocorre predominantemente no interior do casebre, em oposição ao de Guarnieri, em que a maior parte dos eventos ocorre no pátio entre as duas malocas. Dessa forma, *Pedro Mico* é a primeira das peças analisadas a situar-se quase que totalmente em um ambiente interno. *Gimba*, por seu turno, de modo semelhante a *Vereda da Salvação*, apresenta algumas cenas internas, privilegiando-se, no entanto, as que ocorrem no pátio.

16 *Pedro Mico*, p. 7.
17 Ibidem, p. 9.

Décio de Almeida Prado afirma que o malandro do morro é estilizado de maneira cômica em *Pedro Mico* e de forma dramática em *Gimba*[18]. Embora ambas apresentem o bandido foragido, a denúncia e o cerco policial, o crítico entende que as personagens, as circunstâncias psicológicas e o tom das duas são distintos. Segundo ele, Guarnieri, que na época tinha vinte e poucos anos, idade das reivindicações, "escreveu ou quis escrever um drama de protesto social"[19], ao passo que Callado, já quarentão, teria sido mais cético ou zombeteiro. O autor de *Pedro Mico*, embora não tenha desistido do protesto, deixando no ar a possibilidade de a favela "despencar sobre o Rio de Janeiro", escreveu "francamente uma comédia; mais do que isso, uma farsa que não se envergonha de o ser"[20].

O desfecho para os dois criminosos é, sem dúvida, oposto: a morte para Gimba *versus* a ressurreição para Pedro Mico, bem de acordo com o gênero proposto em cada um dos textos. Na versão de Callado, uma farsa, tem-se a salvação do herói e também uma esperança de que dias melhores virão. Já o drama de Guarnieri resulta num beco sem saída, em que o protagonista é executado e substituído por outro (Tico), que possivelmente terá o mesmo fim.

O final da peça de Callado, em que Pedro Mico e Aparecida especulam sobre o que aconteceria se o morro "invadisse" a cidade, causou impacto nos espectadores. O então arcebispo-auxiliar dom Hélder Câmara acusou o espetáculo de promover o levante de favelados contra a sociedade, conforme relatou Yan Michalski[21]. Abdias do Nascimento também comentou o episódio, frisando que a imprensa refletiu a apreensão de certas classes, temerosa de que a população do morro (de maioria negra) compreendesse o espetáculo como um incitamento à ação direta[22].

O fato de *Pedro Mico* e *Gimba* tematizarem o cerco policial à favela evidencia a diferença existente entre o espaço do morro e o centro urbano. Se em *Orfeu da Conceição* a favela é

---

18 *O Teatro Brasileiro Moderno*, p. 98.
19 *Teatro em Progresso*, p. 124.
20 Ibidem.
21 *Teatro e Estado*, p. 134.
22 Teatro Negro do Brasil: Uma Experiência Sócio-Racial, *Revista Civilização Brasileira*, caderno especial 2, p. 205.

predominantemente um lugar de poesia, em *Gota d'Água*, *Pedro Mico* e *Gimba* a favela é retratada como potencializadora dos conflitos de classe. No caso de *Pedro Mico* e *Gimba*, a violência advinda da desigualdade social está mais acentuada, já que os protagonistas são bandidos, pertencentes ao mundo do crime. Em ambas, a favela é invadida por policiais. Na farsa de Callado, os policiais revelam-se bonachões e um tanto ingênuos, pois acreditam no suposto suicídio de Pedro Mico, mostrando-se constrangidos ao irem procurar o corpo na ribanceira. Já a polícia de *Gimba* é truculenta e despreparada: um dos policiais tenta estuprar a jovem Amélia enquanto ela o despista do esconderijo do herói bandido; o outro mostra-se desequilibrado ao atirar acidentalmente em Gimba.

Heróis Masculinos e Protagonistas Femininas

Ter acesso à casa de Pedro Mico, ainda que seja uma moradia temporária, permite ao leitor um maior desvelamento da psicologia da personagem. Isso se dá, por exemplo, no trecho em que são descritos com detalhes certos objetos pessoais do protagonista: "Na parede há um grande espelho e numa prateleira ao pé do espelho há dois pentes, brilhantina, escova e pasta, água-de-colônia"[23]. Os artigos de perfumaria, bem como as várias gravatas e três pares de sapato, de bicos longos, "um vermelho, um bicolor e um de couro de boi, marrom e branco"[24], são suficientes para identificar o malandro do morro.

Pedro Mico é um malandro bandido, famoso por suas estratégias criminais, em geral de pouca monta, isto é, presume-se, pelo texto, que ele rouba apenas o suficiente para manter-se vivo em sua peregrinação pelas favelas. Por ser um fora da lei, desloca-se com frequência, sempre fugindo da polícia. O ladrão sorrateiro que escala prédios altos e que já matou um homem é, a princípio, um cavalheiro. Os sentimentos de nobreza em relação à companheira chegam a tal ponto que o meliante, se necessário, usa de violência para defendê-la. Por

---

23 A. Callado, op. cit., p. 7.
24 Ibidem.

essa razão, o herói dá um tapa em Melize e empurra Zemélio; os amigos, ao agredirem a prostituta, esquecem-se de que Aparecida, depois de pendurada no braço do bandido, tornou-se "moça donzela" de novo.

Importante frisar que Pedro Mico não é procurado em função de sua alta periculosidade, mas por ter feito, mais de uma vez, a polícia de boba, ao fugir de modo espetacular. As fugas teriam chamado a atenção da mídia, que o transformou numa espécie de bandido-herói. Os roubos praticados pelo meliante constituem, assim, uma maneira de afrontar as regras sociais, o que o enquadra como malandro bandido. Por outro lado, a forma cavalheiresca de retratar o ladrão como suposto defensor das mulheres desprotegidas confere à personagem um carisma ímpar, evidenciando o seu apelo junto ao público.

Gimba, negro de grande porte, pertencia à classe do operariado[25], mas teve que deixar a fábrica por supostamente sofrer algum tipo de perseguição, conforme ele deixa entrever: "Já na fábrica começaram a me judiá. Vivem me judiando."[26] Enquanto Pedro Mico distingue-se como um malandro bandido ingênuo e entusiasmado, em plena atividade profissional, Gimba é um malandro bandido calejado, cansado e em fim de carreira, que já foi preso em São Paulo e está sendo procurado pela polícia de três estados. Para efeito de comparação, ressalta-se que o herói de Callado refugia-se somente entre as favelas cariocas. Pedro matou apenas um homem, ao passo que Gimba exterminou cinco, sem contar o policial que é assassinado durante o cerco das autoridades. Além disso, o desejo de sair da contravenção e voltar a uma vida de honestidade confere maior dramaticidade a Gimba. Outra diferença fulcral entre os dois malandros bandidos é que o herói de Guarnieri é uma figura

---

25 Como curiosidade, destaca-se que Carlão, amigo operário de Gimba, também é perseguido pelos diretores da fábrica e apresenta um posicionamento ideológico que remete à peça *Eles Não Usam Black-Tie*. Embora o texto não esclareça qual o teor da discórdia, subentende-se que a fábrica efetuou alguma medida lesiva em relação a Carlão, tido como referencial de honestidade para as demais personagens da trama. O genro de Carlão, figura que não aparece na peça e que acaba de ter um filho, tornou-se recentemente líder da mesma fábrica, destacando-se como funcionário. O dado periférico, revelado em uma breve passagem, lembra outra peça de Guarnieri, em que pai e filho, ambos operários, apresentam atitudes opostas diante de uma situação de greve.

26 *Gimba*, p. 63.

glorificada pela maioria da favela, enquanto Pedro Mico tem apenas o apoio de Aparecida, Melize e Zemélio. Ao estabelecer o seu próprio código de ética, Gimba conquista significativa popularidade, destacando-se como líder marginal da favela; é justamente o potencial para chefiar a massa que faz dele um perigo maior à sociedade regrada.

Além dos malandros bandidos que protagonizam as obras, há outras personagens masculinas inclinadas à criminalidade ou caracterizadas como malandros biscateiros. É o caso dos criminosos Mauro Guerra, Carne Seca, Zé da Ilha e Maneca Perna Fina, apenas mencionados em *Pedro Mico*, e Mãozinha, negro pequeno e ágil, considerado ladrão de menor importância em relação ao protagonista, em *Gimba*. Na categoria dos malandros biscateiros estão Gabiró e Rui, em *Gimba*. O primeiro, de cor indefinida, passa boa parte do tempo no bar, mostrando desânimo quando Rui lhe comunica que há uma vaga de emprego no ramo da construção civil. O jovem Rui, namorado de Amélia, já trilhou o caminho da malandragem, mas segundo informação de Gabiró a Carlão, "resolveu andá na linha agora"[27], recebendo algum dinheiro por meio do conserto de rádios em domicílio.

Indecisos entre o mundo da criminalidade e o dos biscates estão os adolescentes Zemélio e Tico. O primeiro ganha dinheiro fazendo pequenos bicos, como a tarefa de entregar o jornal todos os dias a Pedro Mico. Tico age como um fiel admirador de Gimba, e o assassinato do herói torna-se a alavanca que o impulsiona para o mundo do crime.

As protagonistas femininas, por seu turno, estão vinculadas à prostituição. Aparecida, vinda do subúrbio, já foi porta-estandarte da escola de samba Império Serrano, contudo as dificuldades de conseguir melhores empregos na cidade a levaram a ser empregada doméstica e, depois, prostituta de rua, ocupação que a define como exemplo da classe oprimida. Guiô, à semelhança de Aparecida, foi passista destacada de uma escola de samba, a mesma da qual Negrão é chefe, antes de aderir à prostituição. Numa passagem da peça, a mulata confessa a Gimba que trabalhou na zona depois que ele se deslocou para

---

27 Ibidem, p. 18.

São Paulo, fugido da polícia. A seguir, ela frisa: "Larguei logo, não é pra mim. Precisa ter peito, sabe?"[28] Fica subentendido no texto, porém, que mesmo após a união conjugal com Gabiró, a mulata recorre ao meretrício velado como forma de manter a subsistência da família.

A Menção ao Outro Mundo e as Figuras Míticas

A possibilidade de intervenção de forças sobrenaturais dá-se, nas peças, através de duas figuras: Chica Maluca, em *Gimba*, e Zumbi dos Palmares, apenas mencionado, em *Pedro Mico*. De cor indefinida, a velha macumbeira é valorizada por seus seguidores, que pouco aparecem na trama, e preterida por Gimba e seus amigos. Depois de ser rechaçada pela maioria dos moradores da vila, que explicitamente condenam a prática da macumba, Chica amaldiçoa Gimba e Guiô, dado que introduz um componente de tragicidade na peça, ao sugerir que o destino do herói pode ter sido influenciado também por forças sobrenaturais. Embora possivelmente a personagem receba valores para efetuar eventuais despachos, a rubrica – "No alto do declive surge Chica Maluca que leva às costas um saco de estopa cheio de papel"[29] – sugere que a macumbeira também ganha algum dinheiro como catadora de papel.

Em *Pedro Mico*, a figura lendária de Zumbi dos Palmares inspira o bandido e o auxilia em sua fuga ao cerco policial. Depois da estratégia da corda e da saída espetacular do criminoso, o casal tem leituras diferentes da situação: o bandido acha que deu o "golpe do Zumbi"[30], ao passo que a prostituta passa a ver o companheiro como uma possível reencarnação do guerreiro negro: "Não sei não, Pedro. Acho que você é o Zumbi."[31] A frase de Aparecida deixa claro que a jovem acredita que a figura mítica africana auxiliou na fuga de Pedro Mico.

Se a figura de Zumbi ronda o imaginário de Pedro Mico, Gimba tem como referência o cangaceiro Lampião: "GIMBA:

---

28 Ibidem, p. 32.
29 Ibidem, p. 11.
30 A. Callado, op. cit., p. 91.
31 Ibidem, p. 93.

Tu sabe que Lampião fazia? Entrava em festa dos cheirosos e mandava ficá tudo nu. Home e mulhé. [...] Machão é que ele era. Já imaginô? Eu subindo o morro, o bolso cheio de dinheiro. Um montão. 'Toma gente que tudo é nosso!'"[32]

Gimba crê em Lampião como um mito construído no imaginário popular brasileiro, uma espécie de Robin Hood do sertão, que roubava de fazendeiros, políticos e coronéis para repassar aos desfavorecidos. Fica evidente o desejo do protagonista de um dia ser tão popular quanto o cangaceiro nordestino.

Orfeu e Jasão, respectivamente nas peças de Vinicius e Buarque e Pontes, são construídos tendo como referência seus homônimos gregos, atingindo, portanto, a grandeza de mitos. Pedro Mico e Gimba não têm a mesma estatura, mas em sua composição identitária sofrem a influência dos mitos brasileiros, Zumbi dos Palmares e Lampião, homens marginalizados que buscaram alguma forma de resistência diante dos mecanismos de exclusão social.

Pode-se dizer que as personagens das duas peças estão subordinadas, principalmente, ao código da rua. Pedro Mico e Gimba, na condição de bandidos, movimentam-se para fugir da polícia. As mulheres prostitutas de *Pedro Mico* e *Gimba* também pertencem ao universo oposto ao da casa. Aparecida e Guiô, pela própria ação estereotipada que identifica a profissão – a caminhada de exposição dos corpos "para lá e para cá" –, encontram-se inseridas, indelevelmente, no paradigma da rua.

A favela em *Pedro Mico* e *Gimba* não é representada com a poesia e o embelezamento presentes em *Orfeu* e *Gota d'Água*, até porque seus protagonistas não são malandros poetas, mas malandros bandidos. Por essa razão, elas destacam o cerco do herói e sua tentativa de fuga do aparato policial. Pedro Mico e Gimba não são figuras míticas como Orfeu e Jasão, mas se mostram influenciados por Zumbi e Lampião, o que lhes dá uma dimensão menos prosaica. Apesar dos desfechos diferentes e dos gêneros distintos – farsa *versus* drama –, ambas problematizam a exclusão social dos favelados, ao mesmo tempo que os retratam por meio de estereotipias.

---

32 G. Guarnieri, op. cit., p. 31.

DE MALANDROS POETAS A MALANDROS BANDIDOS: A IDEALIZAÇÃO DO MORRO, A VIOLÊNCIA DE GÊNERO E O MITO DA DEMOCRACIA RACIAL

No texto introdutório, "A Propósito de *Orfeu da Conceição*", Vinicius enfatiza que, em última instância, a peça "é uma homenagem ao negro brasileiro, a quem, de resto, a devo"[33]. Ademais, em uma nota colocada na sequência da descrição das personagens, recomenda: "Todas as personagens da tragédia devem ser normalmente representadas por atores da raça negra, não importando isso em que não possa ser, eventualmente, encenada com atores brancos."[34]

De fato, na montagem de *Orfeu* de 1956, boa parte dos atores é negra, dado incomum para a época. Para se ter uma ideia, somente em 1945 o primeiro intérprete negro pisou no palco do Teatro Municipal do Rio de Janeiro, na peça *O Imperador Jones*, de Eugene O'Neill, durante o espetáculo fundacional do Teatro Experimental do Negro (TEN), dirigido por Abdias do Nascimento. Apesar da peça de Vinicius privilegiar a atuação negra, de modo semelhante à proposta do TEN, as demais produções da época tinham por conduta a exclusão do ator de origem africana.

Abdias Nascimento enumera alguns exemplos dessa política discriminatória, entre os quais a encenação de *Anjo Negro*, de Nelson Rodrigues, dirigida por Ziembinski em 1948, na qual "foi usada a condenável solução de brochar um branco de preto para viver no palco o 'Ismael'"[35]. O recurso teria sido utilizado em razão de problemas com a censura. Conforme o relato de Nelson Rodrigues, as autoridades teriam exigido que o papel de Ismael fosse desempenhado por um ator branco pintado de negro. O receio era que, após a peça, o ator intérprete de Ismael e outros negros "saíssem pelas ruas caçando brancas para violar"[36].

O intelectual e ativista negro cita igualmente as montagens de *Pedro Mico* e *Gimba*. Na primeira, Milton Moraes, pintado,

---

33 Op. cit., p. 14.
34 Ibidem, p. 15
35 Op. cit., p. 205.
36 Ibidem. Veja-se que, em *Anjo Negro*, a personagem de Ismael violenta sua esposa (branca) na noite de núpcias.

teria construído uma "caricatural figura betuminosa do 'Pedro Mico'"³⁷, embora fosse excelente ator. Na peça de Guarnieri, Maria Della Costa, usando a mesma estratégia, "se escureceu artificialmente para interpretar a mulata do morro carioca protagonista da obra"³⁸. Em depoimento, a atriz comenta sobre o uso do creme que escureceu a sua pele, vindo dos Estados Unidos:

Eu passava aquele líquido no corpo [para fazer a maquilagem de mulata], no inverno, e ficava nua, praticamente, em cima da mesa e eles me passando aquele líquido no corpo, porque eu aparecia com a barriga de fora, as pernas de fora [...] Então, depois eu comecei a sofrer com a pele, até hoje eu tenho a pele seca por causa daquele produto. Eu passava álcool para tirar. [...] e fiquei com a pele que é um horror, parece uma lixa; lavava, esfregava; meu marido ajudava a me esfregar, depois do espetáculo, para tirar, porque era um produto que entranhava na pele que era uma coisa.³⁹

O fato de o creme utilizado por Maria Della Costa ser nocivo à pele não impediu a sua utilização, já que a atriz estava disposta a fazer sacrifícios para viver o seu papel. Esse dado sugere, ainda, que o Teatro Popular de Arte parecia não ter consciência da dimensão política de estratégias como essa, responsáveis por validar a ausência de atores negros nos palcos do país. Aos olhos da atriz, o uso do creme foi mais um ato de abnegação individual em favor da qualidade estética do espetáculo do que uma retaliação à atuação de atores negros.

Cabe ainda citar outro exemplo de transfiguração do ator branco em personagem negra, ocorrido não no teatro, mas na televisão brasileira, na novela *A Cabana do Pai Tomás*, exibida pela Rede Globo, em 1969. Nela, o papel principal foi interpretado por Sérgio Cardoso, que também se tingiu de negro, nas mãos e no rosto. O dramaturgo paulista Plínio Marcos criticou o posicionamento racista da emissora. A personagem, que era negra, "foi parar nas mãos do ator branco com a alegação da emissora de que não existia ator negro capaz de agradar ao público e ao ibope"⁴⁰. Isso foi entendido, na visão de

---

37 Ibidem.
38 Ibidem.
39 Apud W. Marx, *Maria Della Costa*, p. 209-210.
40 F. Maia et al., *Plínio Marcos*, p. 78.

Plínio Marcos, como um desrespeito aos atores negros. Por essa razão, ele escreveu uma dezena de crônicas sobre o assunto para divulgar a indignação da classe artística e da comunidade negra[41]. O que chama a atenção é que esse fato ocorreu em 1969, dez anos após a estreia de *Gimba* nos palcos brasileiros.

Esses exemplos da cena artística brasileira direcionaram a indagação de Abdias do Nascimento: "Não seria, então, o Brasil, uma verdadeira democracia racial?"[42] Essa questão pode ser problematizada a partir de *Orfeu da Conceição*, *Gota d'Água*, *Pedro Mico* e *Gimba*. As quatro peças teatrais que representam a favela brasileira serão analisadas, nesse sentido, por meio de três elementos: a identificação de algumas estereotipias na construção das personagens, a análise da violência de gênero e a investigação de como os cultos de origem africana são retratados nas obras.

Nota-se que as peças apresentam similaridades no que tange à representação da classe desvalida, sendo possível identificar as seguintes estereotipias:

- dos "malandros poetas": Apolo e Orfeu, na peça de Vinicius; Jasão, na de Buarque e Pontes; Negrão[43], na de Guarnieri;
- dos "malandros bandidos": Pedro Mico e os apenas mencionados Mauro Guerra, Carne Seca, Zé da Ilha e Maneca Perna Fina, na peça de Callado; Gimba, Mãozinha e, posteriormente, Tico, no texto de Guarnieri;
- dos "malandros biscateiros": Boca Pequena, em *Gota d'Água*; Gabiró e Rui, em *Gimba*.

As "mulheres de malandro" subdividem-se nas seguintes categorias:
- das "trabalhadoras domésticas": Clio, em *Orfeu*; Joana, Corina, Nenê, Estela, Zaíra e Maria, em *Gota d'Água*;

---

41 Cf. Ibidem.
42 Op. cit., p. 194.
43 O sambista Negrão é explorado por atravessadores que compram suas composições por um valor baixo e depois lucram com a colocação das músicas na mídia. Chefe de escola de samba, ele se ressente, sobretudo, por não ter o seu nome reconhecido, já que, depois de comprada, a música é assinada por outra pessoa.

- das "trabalhadoras do sexo": Mira de Tal e suas amigas, em *Orfeu da Conceição*; Aparecida, em *Pedro Mico*; Guiô, em *Gimba*;
- das "jovens indecisas", solteiras da favela sem menção de atividade remunerada, indecisas entre o trabalho doméstico e o da rua: Eurídice, em *Orfeu da Conceição*; Melize, em *Pedro Mico*; Amélia, em *Gimba*.

Destacam-se, ainda:

- os "garotos indecisos", rapazes da favela incertos entre os biscates e o mundo do crime: Zemélio, em *Pedro Mico*; Tico, em *Gimba*;
- os "macumbeiros": Pai Malaquias, apenas citado, em *Pedro Mico*; a velha Chica, em *Gimba*.

É interessante observar que os representantes da classe dominante não aparecem no espaço do morro, sendo apenas citados eventualmente em *Orfeu*, *Pedro Mico* e *Gimba*. É o caso dos proprietários das casas grã-finas, em *Pedro Mico*, ou o ministro da Justiça e o presidente da República, em *Gimba*. Já em *Gota d'Água*, o representante da elite, Creonte, está materializado na peça, comandando o sistema de exploração dos moradores da Vila do Meio-Dia.

Das ocupações elencadas, destacam-se algumas estereotipias mais evidentes, como a do "malandro" e a de "mulher de malandro", sendo esse último papel desempenhado pelas domésticas, prostitutas e jovens indecisas. *Auto da Compadecida* explora, conforme já visto, a estereotipia da malandragem em João Grilo e Chicó; o que se destaca a seguir, contudo, é o malandro negro do morro, figura que ganhou força no imaginário coletivo brasileiro.

Roberto DaMatta pondera que o malandro consegue introduzir uma certa relativização no aparentemente fechado padrão moral da sociedade. Enquanto no mundo burguês o indivíduo seria ordenado por eixos únicos, da economia e da política, o malandro, inserido num universo à parte, vivenciaria outras dimensões e outros eixos. A partir da identificação de três estereótipos de atuação – o caxias, o malandro e o renunciador –, DaMatta aprofunda os paradigmas comportamentais do brasileiro: o caxias pauta-se pelo mundo das regras e leis, em oposição ao mundo individualizado; o malandro "é um ser deslocado das regras formais da estrutura social, fatalmente excluído do mercado de trabalho e altamente individualizado, seja pelo modo de andar, falar ou vestir-se"[44]; o renunciador, por fim, é aquele que, através de diferentes meios, rejeita a ordem social, a exemplo do que fazem certos moradores de rua.

Conhecido como alguém que usa de sua astúcia para tirar vantagem em determinadas situações, o malandro brasileiro é conhecido por manipular pessoas, enganar autoridades e driblar leis a fim de garantir o seu bem-estar. Não por acaso, nos dicionários, "malandro" é definido como indivíduo preguiçoso, ladrão ou astuto; é também alguém acostumado a "abusar da confiança dos outros, ou que não trabalha e vive de expedientes". Viver de expedientes, nesse contexto, refere-se a recorrer a toda sorte de meios, em geral ilegais, para garantir a sobrevivência.

Justamente por remeter a indivíduos em precariedade financeira, mas capazes de garantir a sua sobrevivência de forma criativa, a expressão vinculou-se culturalmente ao negro do morro. Surgido na primeira metade do século xx e imortalizado em letras de samba, o malandro brasileiro ganhou contorno através da tipificação do negro carioca, retratado como boêmio, apreciador de samba, eventualmente poeta e pouco afeito ao trabalho. Nas quatro peças do eixo da favela, é possível identificar, nas figuras dos protagonistas, dois diferentes matizes já mencionados: o malandro poeta, em *Orfeu da Conceição* e *Gota d'Água*, e o malandro bandido, em *Pedro Mico* e *Gimba*. Os malandros biscateiros, por sua vez, são como personagens secundárias.

Em *Orfeu da Conceição*, Eurídice, a mulata virgem, contrasta com Mira de Tal, a prostituta da Tendinha. Em *Gota d'Água*, Joana é velha e pobre, em contraposição à sua rival Alma, jovem e rica. A prostituta branca e letrada Aparecida, em *Pedro Mico*, opõe-se à adolescente mulata e analfabeta Melize.

---

44 Op. cit., p. 204.

Guiô, por sua vez, não tem nenhuma concorrente, mas é possível contrapor a sua vivência à inexperiência da jovem Amélia, namorada de Rui. A breve caracterização das personagens femininas nos permite identificar uma clara oposição entre as mulheres vividas e as inexperientes.

DaMatta ressalta essa dicotomia, materializada mais nitidamente durante o Carnaval. A mulher brasileira, nessa perspectiva, teria dois referenciais paradigmáticos de comportamento: o da Virgem-Mãe, que tem sua sexualidade controlada pelo homem, e o da puta, controladora de uma rede de homens de todos os tipos. A primeira pertence ao espaço da casa, "local sagrado e seguro onde os homens têm o domínio das entradas e saídas", ao passo que a puta "fica na 'rua', nas 'casas de tolerância', em locais onde o código da rua invade e penetra o local de moradia"[45]. Enquanto a Virgem-Mãe é submissa aos homens, a puta, de modo inverso, é quem controla a sexualidade masculina.

Deve-se acrescentar, ainda, que o modelo da puta, tanto quanto o da Virgem-Mãe, é fruto da fantasia de uma sociedade patriarcal, isto é, os dois modelos constituem fetiches idealizantes. Se a Virgem-Mãe caracteriza-se como uma ideação da mãe de família austera, a puta é uma projeção da mulher devoradora, espécie de máquina do sexo. As duas formulações, nesse sentido, pertencem ao imaginário masculino. Se a primeira tem por função perpetuar a família burguesa, à segunda, de modo complementar, cabe a tarefa de suprir, como um objeto, a fantasia sexual dos homens. Os dois modelos, entretanto, não pertencem ao horizonte de expectativas feminino, ao qual a ponderação "nem santa, nem puta" seria mais coerente.

Tem-se, de um lado, mulheres fortes e vividas – Mira de Tal, Joana, Aparecida e Guiô – e, de outro, as jovens inexperientes – Eurídice, Alma, Melize e Amélia. É curioso observar que, enquanto os malandros bandidos preferem as prostitutas, os malandros poetas interessam-se pelas moças de família. Se Aparecida e Guiô, também à margem da sociedade como prostitutas, são cúmplices em potencial dos crimes protagonizados por Pedro Mico e Gimba, as moças de família Eurídice e Alma

---

[45] Ibidem, p. 111.

são as esposas ideais para o romântico Orfeu e para o novo rico Jasão, respectivamente.

No que tange ao tratamento dado às mulheres, a violência de gênero, representada como algo corriqueiro, é uma característica marcante nas quatro peças. Em *Orfeu*, isso fica claro na passagem em que Mira de Tal, como o próprio nome sugere, apenas um objeto sexual, é espancada pelo protagonista – "Orfeu avança sobre ela e agride-a a bofetadas. A mulher reage e os dois lutam violentamente por um instante. Numa separação momentânea Mira, atemorizada, recua."[46] Na sequência, o protagonista canta a música "Mulher Sempre Mulher", finalizando-a com uma sonora risada[47]. Aristeu, de modo semelhante, mata Eurídice e some da peça como se nada demais tivesse acontecido. Embora seja visível que a estrutura lírica e, em certos momentos, simbólica da peça não se paute pelo aprofundamento da psicologia das personagens, é curioso que em nenhum momento Orfeu tenha procurado confrontar-se com o criminoso.

Em *Gota d'Água*, na primeira discussão entre Jasão e Joana, palavras cortantes são proferidas de ambos os lados, mas é o sambista quem faz ameaças físicas, "Eu lhe quebro essa cara"[48], para depois executá-las, conforme apontam as rubricas: "Jasão dá um murro em Joana que cai" e "Jasão agarra Joana pela cabeça e bate contra a parede"[49]. Após a agressão física, ele a chama de "sarna, coceira, cancro, solitária, ameba, bosta" e ela, como reação aos insultos, implora que ele não vá embora.

Em *Pedro Mico*, uma farsa, a agressividade é apenas entrevista no momento em que o ladrão diz à prostituta: "Você agora comigo está bem, se andar na linha."[50] No entanto, a adolescente Melize não escapa de levar um tapa, plenamente justificado, segundo o enredo, já que Pedro estava defendendo a

---

46 V. de Moraes, op. cit., p. 37.
47 O extermínio de Orfeu pelas prostitutas está longe de configurar-se como uma desforra do sexo feminino, parecendo mais um reforço do desequilíbrio e da pouca confiabilidade das mulheres, sempre associadas a algo perigoso. Não por acaso, os versos finais advertem: "Juntaram-se a Mulher, a Morte e a Lua / Para matar Orfeu [...] Porém as três não sabem de uma coisa: / Para matar Orfeu não basta a Morte." (Ibidem, p. 84)
48 C. Buarque; P. Pontes, op. cit., p. 77.
49 Ibidem, p. 77-78.
50 A. Callado, op. cit., p. 26.

honra de Aparecida. As duas, diante da atitude agressiva, ficam ainda mais apaixonadas pelo marginal, o que reforça a atração física das mulheres por homens violentos.

Para além do potencial de agressividade de Pedro Mico em relação às figuras femininas, o protagonista apresenta uma visão machista segundo a qual a mulher existe sobretudo para servir ao homem. A primeira função feminina seria saber ler, uma vez que, por ser analfabeto, o herói precisa de alguém que leia as páginas policiais e o informe sobre a ação da polícia. Para justificar a sua falta de estudo, ele afirma: "PEDRO MICO – No dia em que homem aprender a ler, mulher só vai servir pra um troço mais, e mulher só pra isto é até falta de respeito. Afinal, a mãe da gente também é mulher."[51]

Assim, na filosofia de Pedro Mico, cabe às mulheres a tarefa (passiva) de ler, nos jornais, o que os homens (ativamente) executam no cotidiano. Nesse sentido, ressalta-se que, embora fique claro que Aparecida, ao contar a história de Zumbi dos Palmares, amplia os horizontes do protagonista, o que se vê na perspectiva do malandro bandido, ou ao menos em seu discurso, é a ratificação da mulher coisificada: "Mulher é pra ler jornal e dormir com a gente, não é pra dar palpite em negócio de homem não."[52] A insólita associação entre a leitura feminina e a pouca atividade intelectual é reforçada também pela rubrica, ao informar que Aparecida está "lendo fluentemente mas sem parecer entender muito"[53].

A estereotipia da mulher de malandro, caracterizada por gostar de apanhar do marido, encontra-se potencializada em Guiô, através de frases como: "Bom no carinho, durão no castigo. Enganei ele, me estragô a cara. Papel de home."[54] O herói de Guarnieri, à semelhança de Orfeu, Jasão e Pedro Mico, apresenta um comportamento vinculado ao paradigma machista. Símbolo disso é a marca de navalha que Guiô traz em sua face. Num outro trecho da peça, um tanto quanto desconcertante, a mulata, "passando a mão na cicatriz que tem no rosto", diz, ao

---

51 Ibidem, p. 23.
52 Ibidem, p. 48.
53 Ibidem, p. 12.
54 G. Guarnieri, op. cit., p. 21.

lembrar-se de Gimba: "O único macho que conheci..."[55] Aliada ao machismo está a visão utilitária da mulher, evidenciada em *Gimba* no momento em que o meliante afirma: "Navalha é prá home. Arma de mulhé é cama, legal?"[56]

Verifica-se, de modo geral, que as personagens da favela, nas quatro peças, encontram-se submetidas a situações de violência frequentes, relacionadas ao conflito de gênero ou de classe. Por outro lado, de modo semelhante ao eixo rural, os indivíduos da classe dominante são mais mencionados do que corporificados no espaço da favela, o que reflete a distância existente entre a elite e a categoria dos desvalidos. *Gota d'Água*, nesse sentido, representa uma exceção, já que Creonte é personagem de destaque na peça. A sua presença é fundamental para demonstrar como a manipulação da classe marginalizada pode ocorrer de forma sofisticada, através de aparentes benefícios que, na verdade, escondem uma exploração de maior porte.

No caso de *Pedro Mico* e *Gimba*, fica evidente a atuação da polícia como braço do Estado, com a função de conter, através da agressividade, a criminalidade causada pela desigualdade social. O deslocamento dos protagonistas, na tentativa de tentar escapar de uma situação de opressão, social ou íntima, representa outro dado convergente.

Considerando-se a origem africana dos protagonistas, o primeiro elemento que chama a atenção em relação ao mundo sobrenatural é, sem dúvida, a menção à prática da macumba. É curioso observar, contudo, que nas três peças protagonizadas por negros – *Orfeu*, *Pedro Mico* e *Gimba* – o ritual sincrético aparece como atividade alheia à cultura dos heróis, isto é, nenhum deles demonstra apreço ou crença em relação aos orixás.

Nesse sentido, vê-se que, embora Vinicius tenha consagrado a obra ao negro brasileiro, ele é representado através de um paradigma cultural mais próximo do europeu, sem a presença de raízes africanas. Note-se que em nenhum momento Orfeu faz referência à sua cultura de origem. Tanto a sua fala quanto as suas ações, como o planejado casamento de véu e grinalda com Eurídice, o aproximam de um modelo europeizado e cristão.

---

55 Ibidem, p. 14.
56 Ibidem, p. 24.

Nessa direção, quando Orfeu toca furiosamente o violão, com batidas violentas, para que a Dama Negra dance e vá embora, instaura-se o ritmo da macumba. A prática religiosa, porém, é vista por um prisma negativo, já que o som do instrumento de cordas, naquele momento, é definido como "macabro e demoníaco"[57]. Durante todo o segundo ato, o suave som do violão do herói contrasta com o ritmo da percussão dos foliões. Enquanto os acordes de Orfeu remetem à calma e à ordem, as batucadas estão associadas ao caos e à confusão, conforme aponta Victor Hugo Adler Pereira:

> A dicotomia observada, na peça de Vinicius de Moraes, entre os sons desagregadores, agressivos e primitivos da música mais próxima da origem africana e a harmonia e suavidade da música europeia apresenta afinidades com perspectivas bastante influentes na sua geração.[58]

Ao privilegiar a cultura ocidental em detrimento da africana, o compositor estaria seguindo uma tendência de sua geração em "civilizar", sob a égide do Estado Novo, a cultura popular brasileira. A construção de um herói negro europeizado vincula-se, sem sombra de dúvida, a essa ideologia de embranquecimento das manifestações artísticas do país. Além disso, para uma peça que pretende homenagear a raça negra, é estranho constatar o número de vezes em que a palavra "negro", adjetivada, ganha conotação negativa no texto: "negro mundo"[59], "negra inveja"[60] ou "o negro mel do crime"[61].

De modo similar a *Orfeu*, em *Gota d'Água* a macumba e os orixás são mencionados de forma negativa, já que Joana pretende afetar os seus inimigos, amaldiçoando-os no ritual. Embora a rubrica faça menção a uma cerimônia religiosa da cultura africana – "explode o ritmo do *Paó para Djagum*"[62] –, a invocação de Joana aos deuses é sincrética, pois ela invoca ao mesmo tempo Ogum, Oxumaré, deuses da mitologia grega, a Virgem e Jesus Cristo: "Conto co'a Virgem e o Padre Eterno,

---

57 V. de Moraes, op. cit., p. 43.
58 A Lira e os Infernos da Exclusão, *Filologia*, disponível em: <http://www.filologia.org.br>.
59 V. de Moraes, op. cit., p. 22.
60 Ibidem, p. 38.
61 Ibidem, p. 39.
62 C. Buarque; P. Pontes, op. cit., p. 88.

/ todos os santos, anjos do céu e do inferno, / eu conto com todos os orixás do Olimpo!"[63] Esse dado revela uma cerimônia de macumba estilizada, na qual também estão presentes os deuses da mitologia grega, pertencentes ao universo da correspondente de Joana, Medeia.

Na peça de Callado, a religião afro-brasileira não chega a ser retratada como algo negativo, mas vê-se que Pedro Mico não tem ligação identitária com os costumes de seus ancestrais. Ressalte-se que é Aparecida, prostituta branca e letrada vinda de Ipanema, quem lhe fala sobre Zumbi dos Palmares. O bandido nem ao menos sabia que o país vivera um período de escravidão. Ainda no que tange à prática da macumba, tem-se uma breve referência ao terreiro do Pai Malaquias, lugar em que o criminoso Zé da Ilha é assassinado por gente do seu bando, em função de ter se aproveitado de ninfetas do morro:

PEDRO MICO: Se meteram no barraco do Pai Malaquias e quando ele já tinha mamado dois charutos e virado uma cuia de uca, aí então o Maneca Perna Fina, que estava perto de São Jorge, apagou a luz. Aí foi um tal de relâmpago e de estrondo de tiro que Exu deve ter baixado vivo no chão do Pai Malaquias.[64]

A menção ao ritual parece existir mais para climatizar a carnificina do crime, dando-lhe um aspecto "diabólico" e, ao mesmo tempo, cômico, do que para divulgar o terreiro como um lugar de adoração religiosa do protagonista. Isso se confirma no momento em que Pedro Mico critica Aparecida, quando ela, depois de contar sobre Zumbi, preocupa-se em ter invocado involuntariamente a sua presença: "Que é que tu está querendo com esta maluquice, mulher? Tu parece macumbeira. Deixa lá o Zumbi em paz."[65]

A associação entre macumba e loucura, no entanto, é mais explícita em *Gimba*. Não por acaso, o nome da personagem ligada ao culto africano é Chica Maluca[66]. Na peça de Guarnieri, conforme já dito, o ritual é encarado como algo negativo

---

63 Ibidem, p. 90.
64 A. Callado, op. cit., p. 54.
65 Ibidem, p. 78.
66 Na edição do Círculo do Livro, de 1978, a personagem é denominada, na apresentação, "Chica – Velha macumbeira". Cf. G. Guarnieri, *Eles Não Usam Black-Tie/Gimba*, p. 151.

por quase todos os moradores do morro. Como se não bastasse a reprovação de boa parte dos malandros, Chica ainda é humilhada e desrespeitada pelo protagonista e seus pares, sendo chamada por Guiô de "macumbeira do Inferno" e "velha agourenta"[67]. Em outra passagem, a maldição da personagem para Gimba é considerada "coisa do demônio"[68] por um dos favelados.

É curioso que, enquanto Chica Maluca, de cor indefinida, é praticante dos ritos mágicos africanos, Gimba e Guiô, respectivamente negro e mulata, seguem os preceitos cristãos. Isso fica nítido na passagem em que Carlão conta a Guiô que gostaria de ver o neto batizado, mas que o pai prefere esperar que o bebê cresça para decidir sozinho a sua opção religiosa. Guiô concorda com Carlão, achando um absurdo o risco de uma criatura morrer pagã. Em outro trecho, Gimba, com medo do despacho de Chica, diz: "Por causa de macumba muita gente se danou sem saber por que"[69]; e, no momento em que vislumbra a possibilidade de fugir pela janela, ao deparar-se com a presença silenciosa de Chica Maluca, rebate: "Veio olhá não é velha? Veio olhá se pegô. Pois te afunda nas rezas ainda sobrou esperança! [...] Tô com Nossa Senhora, viu!... Com Nossa Senhora!"[70]

O dado inquietante não diz respeito ao fato de um negro rechaçar a prática da macumba, mas à evidência de que a maior parte dos amigos de Gimba, também negros, despreza a religião africana. O bandido, nesse aspecto, assemelha-se a Orfeu, na medida em que é um negro construído por um prisma europeizado, apresentando-se não apenas distanciado de suas origens, mas convertido à ideologia cristã.

Assim, retomando a reflexão de Abdias do Nascimento acerca do mito da democracia racial, é possível afirmar que as quatro peças, embora tematizem a favela brasileira, de maioria negra, não propõem uma estética ou identidade negra. As personagens masculinas, quando especificadas na condição de negras – Orfeu, Pedro Mico, Gimba, Negrão – são representadas através das estereotipias do malandro poeta ou do

---

67 G. Guarnieri, op. cit., p. 13.
68 Ibidem, p. 36.
69 Ibidem, p. 52.
70 Ibidem, p. 67.

malandro bandido. As figuras femininas na condição de negras ou mulatas – Eurídice, Clio, Mira, Melize e Guiô – também se aproximam da estereotipia da mulher de malandro. Em *Gota d'Água*, não há referência a personagens negras. É possível que os autores não tenham feito essa especificação por entenderem que qualquer personagem ou que todas elas poderiam ser negras. De qualquer forma, esse dado evidencia que não houve a intenção de discutir uma identidade negra ao retratar a favela.

A violência de gênero, descrita como algo corriqueiro e até mesmo como motivo de admiração das vítimas em relação aos seus algozes, é responsável pela vinculação das personagens femininas à estereotipia da mulher de malandro, além, é claro, do fato de algumas delas sustentarem economicamente seus parceiros.

Por outro lado, a menção à macumba como algo negativo, nas quatro peças, em menor escala em *Gota d'Água*, evidencia uma desvalorização da cultura e da religião africanas. Provavelmente de forma não intencional, as obras ratificam o mito da democracia racial ao representarem negros a partir de construções esquematizadas ou, ainda, por retratarem a favela brasileira sem a preocupação em destacar a negritude como componente importante na construção identitária daquele espaço. As estereotipias reiteram o preconceito em relação aos homens e mulheres de origem africana e também a práticas como a macumba, vinculada à cultura negra.

4. Os Indivíduos dos Centros Urbanos

Centro de aglomeração de pessoas, a grande cidade configura-se como espaço pluridiscursivo, caótico, repleto de contrastes. Embora seja concebida no imaginário coletivo, sobretudo dos indivíduos oriundos do interior, como sinônimo de violência ou perdição, a metrópole evoca sobretudo a imagem de um espaço promissor, em que é possível conseguir trabalho mais bem remunerado e usufruir de opções culturais variadas. A análise da representação da metrópole sob a perspectiva das personagens desvalidas nos dramas elencados desvela, todavia, um ambiente mais claustrofóbico, em que as possibilidades de ascensão em meio aos perigos são mínimas e a expressão "sozinho na multidão" encontra ressonância.

"QUARTO DE EMPREGADA", DE ROBERTO FREIRE

Drama sintético, *Quarto de Empregada*, de Roberto Freire, foi escrito em 1958. A peça teria sua estreia em setembro do mesmo ano, como prova final dos alunos da Escola de Arte Dramática (EAD) de São Paulo, mas foi proibida pela censura, que considerou o texto imoral. Apesar disso, a obra foi encenada veladamente, no teatrinho da EAD, contando apenas com a presença de professores, alunos, crítica e classe teatral. A direção foi de Milton Baccareli, o cenário de João José Pompeo e atuação de Ruthnéa Morais e Assunta Perez. No ano seguinte, o texto foi liberado e a montagem profissional ocorreu no Teatro de Arena, tendo direção e cenário de Fausto Fuser e atuações de Dalmira Soares e Jacyra Sampaio.

No prefácio da peça, Paulo Mendonça ressalta: "Se eu tivesse de aplicar um único qualitativo ao teatro de Roberto Freire, escolheria o de teatro da compaixão."[1] Escrita em ato único e breve, *Quarto de Empregada* desvela as angústias de duas empregadas domésticas: Rosa é a cozinheira, uma negra de cinquenta anos, remanescente das velhas escravas; Suely é a copeira, jovem branca de aproximadamente vinte anos.

Ao retratar a realidade das serviçais domésticas, a peça deixa evidente a vinculação das personagens à classe dos oprimidos. Como se sabe, as funcionárias desse campo são as menos favorecidas no que tange aos direitos trabalhistas. As que têm a sorte de ter a carteira de trabalho assinada não têm direito ao FGTS (opcional ao patrão)[2], salário-família, hora-extra ou licença-maternidade. As diaristas encontram-se ainda mais vulneráveis, já que não existe a obrigação legal da assinatura de suas carteiras de trabalho. Soma-se a isso o baixíssimo salário costumeiramente pago pelas atividades exercidas em uma casa.

Além das domésticas, indivíduos de outras camadas sociais são mencionados. É o caso de Argemiro, pertencente à classe subalterna, na condição de sargento do Exército brasileiro. Na classe dominante, encontram-se o Senador, como representante dos Estados-membros da Federação, e sua família, composta basicamente por latifundiários e políticos.

Fica claro que Rosa sempre esteve subordinada a uma mesma família rica. Ao contar sobre a sua iniciação sexual, a cozinheira negra revela os resquícios de uma sociedade

---

1   É Preciso Prestar Atenção, em R. Freire, *Quarto de Empregada/Presépio na Vitrina*, p. VII.
2   O projeto de lei das domésticas, que estabelece uma série de garantias aos empregados domésticos, incluindo o FGTS, foi sancionado em junho de 2015 pela presidente Dilma Roussef.

escravocrata. O fato ocorreu quando ela tinha quinze anos e foi assediada pelo tio do atual patrão. Os dois, na época, eram jovens, com a diferença de que ele era filho do dono da fazenda e ela era filha da empregada: "Mas isso é uma história muito velha. Naqueles tempos as negrinhas é que pagavam"[3], conta Rosa. Ao ser indagada sobre o que recebeu em troca de sua virgindade, a cozinheira responde que não recebeu nada, pois os tempos eram outros e o fato foi percebido como uma honra: "Contei pra todo mundo, na cozinha."[4]

Deduz-se que a união sexual ocorreu por razões de poder e não de afeto quando Rosa comenta: "Acho que pra ele também era a primeira vez. Tremia todo, coitado! Agora nem me cumprimenta"[5] O rapaz tornou-se senador e, à semelhança do que ocorreu no passado, continua assediando as empregadas, conforme o relato de Suely.

A descrença de Rosa em relação aos homens e às possibilidades de migrar de classe social reflete-se em sua trajetória de sujeição. A cozinheira, descendente dos negros da senzala, torna-se uma espécie de legado da família de latifundiários, sendo repassada de um lar para outro, como um objeto útil, à semelhança do que ocorria com os escravos. No único momento em que ela tenta romper esse ciclo, saindo da casa da patroa para tentar vida nova com um namorado, tem má sorte, engravida e, a seguir, é abandonada pelo homem. Sem emprego, vai parar nas ruas, onde rouba e pede esmolas. Embora seja discípula de são Jorge, santo vinculado às crenças africanas, recebe ajuda dos protestantes do Exército da Salvação, que lhe ensinam a doutrina protestante, além de culinária e costura. Apesar da catequização, a cozinheira só aprende os hinos, pois confia mesmo é em são Jorge. Depois que o filho nasce e começa a andar, ela é obrigada a deixar a instituição que a abrigou. Dona Adélia, caridosa, a aceita novamente, e até a ajuda a tratar o menino doente, mas ele morre. Após o insucesso do périplo – ruptura com a patroa, planos no amor, gravidez, abandono, acolhida religiosa, filho doente, luto –, a empregada mostra-se grata e aliviada por poder voltar ao seu quarto de empregada,

---

3 R. Freire, op. cit., p. 6.
4 Ibidem, p. 7.
5 Ibidem, p. 6.

retomando o ciclo de submissão aos donos de seus antepassados no período da escravidão.

Suely, por sua vez, tem um passado distinto. Vinda do interior, conta que seus pais tentaram casá-la com um aleijado, auxiliar de farmácia estabilizado economicamente. Fugindo das pretensões da família e tomada por outras ambições, a copeira rumou para a capital. O sonho de conseguir uma boa ocupação, entretanto, não se concretizou, deparando-se a jovem com a insatisfatória rotina de empregada. A relação com Argemiro surge, então, como uma forma de sair da sufocante condição de doméstica que dorme no emprego. Num certo momento, o sargento não vai buscá-la no trabalho, conforme o prometido. A copeira, com o passar dos minutos, começa a temer que ele não apareça mais. Rosa, percebendo seu nervosismo, a aconselha a rezar para são Jorge, mas a jovem mostra-se descrente em relação à religião. Depois, desanimada, comenta com a companheira de quarto que, no último encontro com o militar, foi pressionada a lhe repassar todas as suas economias.

A cozinheira, convicta de que Argemiro não virá, diz para Suely que dona Marta, a patroa, já sabe de sua gravidez e que vai deixá-la ficar até o bebê nascer. A mais velha, ainda no intuito de ajudar, começa a desfazer a mala da copeira, momento em que descobre o furto de uma toalha fina e alguns talheres de prata. Suely chora e a outra a chama de burra, dirigindo-se à cozinha para devolver os objetos. Depois do conflito, as duas mantêm um diálogo solidário, em que lamentam as dificuldades que enfrentam na condição de subalternas. O insucesso das relações conjugais surge como a questão mais doída, ficando claro que as personagens veem a condição de empregada doméstica como um entrave para a realização amorosa. Em uma passagem, Suely, reflete de quem seria a culpa "da gente ser empregada, não poder gostar de um homem direito que case com a gente"[6]. A solidão afetiva e a impossibilidade de migrar de classe social são as principais frustrações das figuras ficcionais.

Rosa e Suely não só trabalham em uma residência como dormem nela, no comumente chamado quarto de empregada. Segundo a rubrica, o local é assim delimitado:

---

6 Ibidem, p. 20.

Cubículo com cama beliche ao fundo e armário repleto de roupas que transbordam. Malas sobre armário, quase até o teto. À esquerda, uma porta e à direita uma janela para rua de grande movimento de bondes e automóveis. O espaço que sobra é realmente mínimo. Típico quarto de empregada em apartamentos modernos.[7]

O apartamento, ainda segundo a didascália, localiza-se no primeiro andar. No que sobra das paredes, há um espelhinho e uma gravura de são Jorge, além de um pequeno rádio junto à cabeceira de Rosa.

É interessante observar a menção a um grande número de malas, que vão do topo do armário até o teto. Nota-se aí a perspectiva da transitoriedade, uma vez que nas malas é colocado o material (roupas, objetos etc.) essencial para o indivíduo em situação de deslocamento. A correlação entre mala e viagem faz com que o leitor tenha a impressão de que as personagens nutrem, de alguma forma, em seus horizontes de expectativa, o desejo do deslocamento espacial. Por outro lado, as roupas que transbordam do armário indicam que o móvel não é capaz de armazenar os pertences das duas e, provavelmente por essa razão, faz-se necessário o uso de malas que deem conta de abrigar o que não coube no guarda-roupa. Se a primeira ponderação implica uma vontade implícita de migrar, a segunda evidencia o quanto o ambiente do quarto é desconfortável, na medida em que o seu único móvel não comporta adequadamente os bens materiais de Rosa e Suely. Qual indivíduo se sentiria confortável, com um sentimento de pertencimento a uma casa, tendo que armazenar parte de suas posses em malas, objetos que irradiam a perspectiva da partida?

Outro aspecto importante a ser destacado é que *Quarto de Empregada* é a primeira peça analisada, até o momento, cuja ação ocorre, todo o tempo, em um ambiente fechado. *Auto da Compadecida* tem sua ação num pátio de igreja e, posteriormente, num ambiente sobrenatural; em *Morte e Vida Severina*, o protagonista está na estrada, sem entrar em locais restritos; já *Vereda da Salvação*, *Gimba* e *Gota d'Água* apresentam alguns espaços internos, prevalecendo, todavia, os ambientes coletivos. *Orfeu da Conceição*, de modo similar, apresenta apenas

7   Ibidem, p. 2.

cenas externas, enquanto a ação está concentrada no morro; depois, na cidade, é que se tem um espaço interno, o clube de Carnaval, regido, no entanto, pelo código da rua. Em *Pedro Mico*, predominam as cenas internas, dentro da maloca, ainda que as personagens também apareçam em volta da residência, durante o cerco policial. Embora a maior parte da ação ocorra no interior do barraco, sabe-se que o malandro bandido, por sua condição marginal, à semelhança de Gimba, permanece em constante deslocamento, sendo orientado, na maior parte do tempo, pelo universo da rua.

As análises anteriores nos permitem consatatar que as personagens da classe oprimida encontram-se representadas, principalmente, sob a perspectiva da rua. No texto de Roberto Freire, em aparente oposição, Rosa e Suely são desveladas apenas nos limites do quarto. A única cena externa, do encontro entre a copeira e Argemiro, é somente narrada, quando, mais tarde, a criada retorna ao aposento. Além disso, o fato de as duas trabalharem como domésticas pressupõe que, quase sempre, elas permanecem dentro de um mesmo local, a residência dos patrões. Esse dado levanta o seguinte questionamento: seriam Rosa e Suely as primeiras personagens desvalidas deste estudo representadas sob a perspectiva da casa?

A resposta vai se delineando na medida em que a análise da configuração da residência brasileira e, por extensão, do quarto de empregada, se aprofunda. Na pesquisa dos professores de arquitetura Francisco Veríssimo e William Bittar, há o retrato da evolução história do espaço das moradias no país[8]. Cientes de que o ambiente das residências espelha a formação política, econômica e cultural das sociedades, os autores afirmam que a abolição da escravatura desencadeou uma redução no espaço físico dos lares, devido à falta de escravos para a realização das atividades domésticas. Por outro lado, a aceleração do processo de urbanização, a partir do adensamento demográfico iniciado na década de 1920, resultou nos conhecidos edifícios de apartamentos.

Para Veríssimo e Bittar, as residências são planejadas a partir de cinco instâncias espaciais paradigmáticas: a varanda;

---

8   *500 Anos da Casa no Brasil.*

a garagem; o setor social (a sala); o setor íntimo (quarto e banheiro); e o setor de serviços (a cozinha, a copa, as áreas de serviços e o alojamento de empregados). A varanda é um espaço transitório entre o ambiente interno e o externo, sendo uma espécie de divisor de águas entre o universo privado e o público. A garagem remete ao *status* social dos moradores, pois abrigou a carruagem e, mais recentemente, dá guarida ao automóvel; os veículos de locomoção, além de necessários para percorrer pequenas ou longas distâncias, são ícones de poder. A sala, como setor social, comporta os encontros mais formais, sendo, na ausência de varandas, a intermediária entre o ambiente público e o privado. O quarto e o banheiro, inseridos no setor íntimo, caracterizam-se, obviamente, como locais onde os moradores ficam mais à vontade. Os pesquisadores ressaltam ainda que o número de banheiros de um imóvel, a partir da década de 1970, passou também a ser sinal de *status*. A cozinha e as áreas de serviços, segundo os estudiosos, localizavam-se fora da residência, durante o período colonial. No século XX, elas migraram para o interior das moradias, ficando mais ao fundo. A partir das construções de apartamentos na década de 1940, a cozinha tornou-se compacta, pequena e funcional, contendo uma série de equipamentos modernos como geladeiras, *freezers*, micro-ondas etc.

No que tange à dependência das serviçais, local de interesse maior da análise aqui encetada, Veríssimo e Bittar afirmam que o quarto de empregada é uma herança das edículas, pequenas construções anexas à residência, onde moravam os escravos[9]. A assertiva dos pesquisadores, que vincula a existência do quarto de empregada a resquícios da política escravagista, propicia algumas reflexões. Situado próximo à cozinha, depois da área de serviço, o quarto de empregada configura-se, geralmente, como uma pequena peça agregada a um banheiro. Além de possuir um tamanho significativamente inferior ao dos demais quartos do apartamento, o aposento fica isolado do restante dos cômodos, sendo o seu acesso diferenciado. Enquanto os moradores e visitas entram pela porta principal, os empregados usam a porta dos fundos, sendo comum a diferenciação

9   Ibidem, p. 42.

também em elevadores: o social e o de serviço. Com base nisso, fica evidente que o quarto de empregada surgiu como um espaço delimitador de hierarquias sociais.

Nesse sentido, o historiador Mário Maestri, afirma que o modelo de apartamento com sala, dois quartos, banheiro, cozinha, quarto e banheiro de empregada e área de serviço com tanque constitui o padrão dominante dos edifícios de classe média[10]. Para ele, essa difundida estrutura física reflete as profundas raízes escravistas de nossa civilização. Ademais, no Brasil, tanto as construções da classe intermediária quanto as da elite mantêm "na submissão esse ser social designado sob diversos eufemismos – ajudante, amiga, assessora, criada, funcionária, secretária etc."[11] Nas milhares de moradias nacionais, a empregada responsável pela limpeza constituiria, à semelhança de equipamentos como o automóvel, o celular e os eletrodomésticos, "um acessório doméstico imprescindível que, com sua ausência, desorganiza essencialmente a vida do núcleo familiar empregador"[12]. Segundo Maestri, essa "exótica tipologia habitacional", que conjetura a submissão da empregada doméstica, é vista como algo absolutamente natural, dado que reforça o quanto estão arraigados os pressupostos classistas na sociedade brasileira.

Relacionando os apontamentos de Veríssimo, Bittar e Maestri com o conteúdo de *Quarto de Empregada*, vários pontos de contato tornam-se visíveis. O próprio nome da peça indicia o quanto Roberto Freire pensava nesse espaço como sinalizador do conflito de classes. A dependência das funcionárias, no texto, trata-se de um opressivo cubículo, sendo a única perspectiva de habitação possível para as personagens. Não por acaso, Rosa é uma negra descendente de escravos, o que revela a afinidade de pensamento do dramaturgo com os autores supracitados, na medida em que compartilham a interpretação do quarto de empregada como uma herança da ideologia escravagista.

A vontade de conquistar outros espaços é verbalizada por Suely: "O quarto da patroa é diferente... o meu..."[13] Rosa, por

---

10 M. Maestri, O Quarto Escuro da Sociedade Brasileira, Caros Amigos, ano IV, n. 38.
11 Ibidem, p. 38.
12 Ibidem.
13 R. Freire, op. cit., p. 17.

sua vez, mais experiente, enxerga a ambição da outra como uma fantasia, considerando o sonho de um dia residir numa casa inteira, e não apenas num quarto de empregada, como um engano da inteligência: "Deixa de ilusão, sua tonta... Se sair daqui, deste, cai noutro... Não, Suely, não adianta pensar nos tapetes e nas cortinas lá da sala, nem no colchão de mola..."[14] A sentença "Se sair daqui, deste, cai noutro" revela o quarto de empregada como um destino indesejável e imutável para as protagonistas. A referência aos tapetes e cortinas da sala como objetos de consumo inatingíveis evidenciam o quanto a ambientação espelha as diferenças de classe. Em outras palavras, fica claro que a função de doméstica dificilmente permitirá que Rosa e Suely possuam uma sala e seus respectivos utensílios aconchegantes. Por trabalharem e dormirem em casa alheia, elas estão fadadas a não terem um lar que possam chamar de seu.

A menção ao colchão de molas remete ainda à impossibilidade de conforto e privacidade dentro da dependência. Como se não bastasse ocuparem um quarto minúsculo e barulhento, as serviçais ainda têm que dividi-lo entre si. Por outro lado, mesmo que cada uma tivesse o seu próprio cubículo, qual chefe lhes permitiria receber amigos ou namorados? Desse modo, a impossibilidade de construir uma vida afetiva satisfatória em residência alheia alimenta a frustração das personagens.

Afora o tratamento depreciativo e a ausência de privacidade, a confusão entre os espaços profissional e pessoal impede que elas se sintam minimamente confortáveis no aposento funcional. Em primeiro lugar, as serviçais trabalham numa residência, logo, o espaço profissional caracteriza-se como doméstico. Por estarem em situação de limpadoras, elas presenciam e participam da intimidade dos patrões, o que sinaliza uma mistura entre os ambientes de trabalho e familiar. Além de exercerem suas funções em terreno doméstico, elas também dormem no serviço, o que reforça a confusão espacial. Como distinguir, então, entre os ambientes da casa e os do trabalho, levando-se em conta que elas moram e trabalham na mesma residência?

Uma hipótese possível é de que o quarto de empregada faz as vezes da casa, sendo o restante do apartamento o local

14 Ibidem.

determinado como trabalho. Uma análise mais detalhada, porém, mostra a fragilidade dessa divisão, já que, embora elas "possuam" um quarto, ele encontra-se subordinado à casa como um todo, que é propriedade dos patrões. Por essa razão, as serviçais não podem construir suas próprias regras de intimidade e convivência, tendo em vista que já existe uma norma de comportamento a ser seguida, estabelecida não por elas, mas por seus empregadores.

Nesse sentido, é pertinente retomar a reflexão de DaMatta, que trabalha justamente com as interferências dos valores da rua no ambiente da casa e vice-versa, ao analisar a transgressão espacial verificada no Carnaval. Entendendo que as categorias da rua e da casa estabelecem uma relação dialética, o autor pondera que há situações inversas, "quando a *rua* e seus valores tendem a penetrar no mundo privado das residências", ou situações em que os dois universos se "relacionam por meio de uma 'dupla metáfora', com o doméstico invadindo o público e, por sua vez, sendo por ele invadido"[15].

Em *Quarto de Empregada*, a intervenção do código da rua em ambiente privado fica mais latente do que o contrário, tendo em vista que as personagens são focalizadas no interior do quarto de empregada (casa) e não nas demais dependências do apartamento (trabalho). Isto é, o centro da atenção está nos momentos íntimos e de reflexão das figuras ficcionais e não nos de atividade de limpeza. Além disso, a interferência das regras da rua em ambiente privado, apontada por DaMatta, é potencializada pelo fato de as domésticas dormirem no local de trabalho. Esse dado confunde as relações hierárquicas e desprotege as funcionárias, já que fica difícil estabelecer quando elas estão trabalhando e quando estão de folga. Pela lógica, subentende-se que os momentos de descanso correspondem ao período em que as protagonistas ficam no quarto. Apesar disso, a impressão que se tem, na peça, é que Rosa e Suely mantêm-se a maior parte do tempo à disposição dos donos da casa. Ademais, o parco salário e a sujeição a um espaço desfavorável evidenciam a perversidade da relação trabalhista. Mesmo que elas tenham direito aos dias de descanso, onde poderiam usufruí-los? Quem está de folga vai para casa, mas ponderando-se

---

15 Op. cit., p. 79.

que esta inexiste ou que está sub-representada no local de trabalho, para onde ir?

A opção plausível consiste em prestigiar as opções de lazer oferecidas na rua. Por essa razão, Suely, nos momentos de repouso, usa suas economias para ir eventualmente ao cinema e ao teatro de revista com Argemiro. O mesmo não acontece com Rosa, já que ela não tem ambições amorosas nem amigos com quem confraternizar. Ainda que as esporádicas idas ao cinema e ao teatro aliviem a ausência de um espaço adequado de habitação, elas não suprimem a insatisfação de Suely diante de uma rotina privada de aconchego.

Se, por um lado, as relações entre os códigos da rua e da casa na festividade do Carnaval remetem à quebra momentânea de certas regras sociais, segundo a análise de DaMatta, por outro, em *Quarto de Empregada*, a intromissão e a predominância das normas trabalhistas (do universo da rua) no forjado ambiente privado (o quarto de empregada) tornam ainda mais rígidas as leis hierárquicas, aumentando a atmosfera de opressão vivida pelas subalternas.

Em relação ao outro mundo, vê-se que, num trecho da peça, há uma leve associação entre Cristo e o filho esperado por Suely, quando, ao saber que o bebê nascerá em dezembro, Rosa afirma: "Como Nosso Senhor Jesus Cristo."[16] A inferência lembra *Morte e Vida Severina*, ressaltando-se, porém, que na peça cabralina a analogia entre o bebê recém-nascido e Jesus tem uma dimensão metafísica, ao passo que, em *Quarto de Empregada*, o fato fica subentendido como simples coincidência.

Por outro lado, a figura de são Jorge, santo de devoção de Rosa, parece ser o único elo possível, ainda que frágil, entre as personagens e o mundo transcendente. A apresentação da entidade religiosa dá-se quando Suely pergunta à outra se ela acredita em Deus. A cozinheira responde que sim, mas, ainda vinculada às suas origens africanas, diz que reza mesmo para são Jorge, capaz, quem sabe, de interceder por ela junto ao criador do universo. Enquanto Rosa mostra-se devota ao santo guerreiro e às leis divinas, Suely, por sua vez, mantém-se descrente do início ao fim da peça.

16 R. Freire, op. cit., p. 9.

A inexistência de um lar verdadeiro deixa claro que as domésticas, embora retratadas sob a perspectiva de um aposento fechado, são regidas pela impessoalidade dos códigos da rua. Assim, na peça de Freire, o espaço surge como ratificador da condição social das personagens, na medida em que a clausura do aposento reverbera as suas angústias. As duas estão presas não apenas aos limites do quarto, mas à sujeição cultural, social e econômica que a profissão lhes impõe.

"A INVASÃO", DE DIAS GOMES

Publicada e encenada em 1962, *A Invasão*, de Dias Gomes, tematiza o cotidiano de favelados que, expulsos do morro por uma enchente, ocupam um prédio inacabado do governo. A estreia deu-se em outubro de 1962, no Teatro do Rio, tendo direção de Ivan de Albuquerque, cenários e figurinos de Anísio Medeiros, música de Tom Jobim e Vinicius de Moraes, com o violão de Baden Powell. No elenco, estavam nomes como Rubens Corrêa, Léa Garcia, Wanda Lacerda e Jardel Filho.

A ação, que se passa em 1960, no Rio de Janeiro, é dividida em três atos. Conforme aponta Flávio Rangel na introdução da obra, intitulada "Notícia Sobre Dias Gomes", *A Invasão* baseou-se num fato real, quando um grupo de favelados invadiu um prédio inacabado no Rio de Janeiro, no final da década de 1950.

O edifício, localizado ao lado do estádio do Maracanã, seria um hospital, mas desentendimentos entre a iniciativa privada e o poder público paralisaram as obras. O local, depois de tomado, ficou conhecido como a "favela do esqueleto". A intervenção do governador Carlos Lacerda, no início da década de 1960, removeu os moradores que foram assentados, em sua maioria, na zona oeste da capital fluminense, em Bangu e na Vila Kennedy. O prédio, finalizado, passou aos domínios da Universidade Estadual do Rio de Janeiro (UERJ).

É interessante observar que tanto Rangel quanto o crítico Francis A. Dutra estabelecem um paralelo entre *A Invasão* e *Street Scene* (Cena de Rua), publicada em 1929 pelo norte-americano Elmer Rice. Rangel salienta que, embora a peça de Dias Gomes tenha pontos de contato com *Street Scene*, ela é intensamente brasileira. Referindo-se à drástica situação dos desafortunados do país, ele afirma que o sentido reivindicatório do texto "analisa sardonicamente toda e qualquer espécie de paliativo que os atuais detentores do poder encontram para adiar uma solução que a cada dia é mais urgente"[17]. Francis A. Dutra, por seu turno, ressalta que, embora *A Invasão* e *Street Scene* explorem personagens em larga escala, através de episódios da vida de várias famílias que moram num mesmo pardieiro, a peça do brasileiro inova por introduzir um elemento de otimismo. Enquanto na trama de Elmer Rice "um dia sucede-se ao outro, pontuados aqui e ali por nascimentos e mortes, fofocas sobre vizinhos e reclamações sobre a humanidade"[18], sem que haja um questionamento ou indício de final do cotidiano imbecilizante, em *A Invasão* existe um sentido de luta, potencializado pelo desejo das personagens em mudar as circunstâncias.

Tânia Pacheco frisa que a peça de Dias Gomes foi proibida primeiramente em Minas Gerais, em 1964, "por 'pessoas influentes da sociedade de Leopoldina'. Acusação: pornografia"[19]. Posteriormente, em 1969, *A Invasão* foi proibida em todo o território nacional, sendo liberada somente em 1978, conforme aponta a cronologia básica do dramaturgo, inserida no livro *Os Heróis Vencidos*, volume 1 da Coleção Dias Gomes.

A observação de vulnerabilidade econômica das personagens, em *A Invasão*, evidencia a classe a que majoritariamente pertencem. Os retirantes Justino e Santa, que perderam sete filhos por desnutrição, são lavradores miseráveis que não se adaptam à cidade. Enquanto o marido não consegue um emprego de vigia, a esposa acaba recorrendo, em caráter de urgência, à mendicância. Seus descendentes, entretanto, têm outra perspectiva em relação à metrópole. Tonho consegue uma vaga como ajudante de pedreiro, enquanto Malu e Rita vislumbram duas ocupações: empregada doméstica ou prostituta. Apesar de acharem as oportunidades de trabalho no centro urbano mais favoráveis que no sertão, os filhos de Justino e Santa, ainda assim, não conseguem fugir de uma engrenagem

---

17 Notícia Sobre Dias Gomes, em Dias Gomes, *Coleção Dias Gomes 3*, p. 18-19.
18 O Teatro de Dias Gomes, em Dias Gomes, op. cit., p. 634.
19 O Teatro e o Poder, em A. Novaes (org.), *Anos 70*, p. 264.

social opressiva, obtendo apenas subempregos ou exercendo atividades aviltantes.

Lindalva e Bola Sete também pertencem ao nicho dos excluídos. A personagem feminina lembra, de certa forma, outras mulatas, como Eurídice (*Orfeu da Conceição*), Melize (*Pedro Mico*) e Amélia (*Gimba*), já que, à semelhança delas, não tem renda nem trabalho, sendo a relação conjugal a alternativa, atual ou futura, escolhida como forma de subsistência. De qualquer maneira, fica claro que o ordenado do pedreiro garante uma sobrevivência precária ao casal. Há um vislumbre de melhora na situação econômica apenas quando Bola Sete consegue gravar um de seus sambas.

O Profeta, por sua vez, é uma personagem misteriosa, sobre o qual pouco se sabe. Apenas numa breve passagem sabe-se que sua irmã morreu na enchente e que os sobrinhos pequenos foram adotados por Mané Gorila que, além de corrupto, tem uma atração sinistra por crianças. O fato de o Profeta viver apenas das esmolas esporádicas de um ou outro ouvinte o caracteriza como uma espécie de mendigo religioso.

No núcleo mais promissor do prédio estão o casal Bené e Isabel e seu filho Lula. O pai é um ex-jogador de futebol fracassado, com problemas alcoólicos, apresentando uma renda precária e esparsa como biscateiro. A mãe também ganha pouco dinheiro como lavadeira e passadeira de roupas. Já Lula, na função de operário, apresenta um ordenado um pouco mais substancial. Não por acaso, o jovem comenta com Malu: "Operário ganha mais. Tem direito a férias... é oprimido também, mas é outra coisa."[20]

O Comissário e os Tiras, à semelhança do que ocorre em outras peças, estão no setor intermediário, a serviço do Estado. Também na classe intermediária está Mané Gorila, homem mau-caráter que, além de receber ordenado como cabo eleitoral, explora os desvalidos por meio de cobranças ilícitas. Deodato Peralva, por sua vez, na condição de deputado, enquadra-se na classe dominante, na categoria dos políticos pouco interessados na melhora da qualidade de vida da sociedade. Conforme aponta Rosenfeld, que por meio das figuras

---

20 D. Gomes, *Coleção Dias Gomes 3*, p. 104.

ficcionais "transparece um mundo intricado de grileiros, juízes, políticos, empresários e aproveitadores que, de combinação, constituem uma engrenagem parasitária e trituradora"[21].

Há ainda, na peça, a menção a um padre, desacreditado por ter incentivado a saída dos favelados do morro, sem garantia alguma de que os sem-teto seriam reinstalados em outro lugar.

A Invasão apresenta um contraponto espacial interessante, tendo em vista que vários favelados ocupam um edifício da cidade. Não se trata nem do ambiente do morro, retratado em *Orfeu*, *Gota d'Água*, *Pedro Mico* e *Gimba*, nem da metrópole propriamente dita, com seus habituais moradores. O que se vê é que as personagens, oriundas da favela, tentam manter-se no centro urbano. Por essa razão, não existem figuras ficcionais solitárias e isoladas em seu mundo, como em *Quarto de Empregada* ou *O Abajur Lilás*, sendo a estrutura do drama de Dias Gomes similar à das peças do eixo da favela.

A principal diferença de *A Invasão* em relação às demais peças diz respeito à construção das personagens, já que elas não se apresentam de modo estereotipado como as figuras do morro, mostrando-se mais humanizadas. Rosa, de *Quarto de Empregada*, e Bola Sete e Lindalva, de *A Invasão* são retratadas como apegadas à religião africana de seus ancestrais, a primeira através do culto a são Jorge e os segundos por meio da menção positiva ao babalorixá Joãozinho da Goméa. Além disso, a difícil trajetória de Rosa, que não consegue desvencilhar-se da sujeição a uma família de passado escravocrata, confere densidade psicológica à personagem. Bola Sete e Lindalva, por seu turno, não correspondem ao esquema do malandro e seu respectivo par, a mulher de malandro. Bola Sete, num primeiro momento, remete aos compositores de samba Orfeu e Jasão. Uma observação mais atenta, contudo, nos permite deduzir que ele não está no mesmo paradigma dos malandros poetas. Isso ocorre por duas razões: a principal delas é que ele trabalha arduamente como pedreiro, sendo o responsável pelo sustento da família, e não apresenta nenhum comportamento violento em relação a Lindalva ou a qualquer outra personagem feminina, característica recorrente nas figuras masculinas citadas. Outro dado

---

21 A Obra de Dias Gomes, em Dias Gomes, *Coleção Dias Gomes 1*, p. 55.

curioso é que Bola Sete, em oposição a Pedro Mico e Gimba, não recrimina a prática da macumba, ficando subentendido que o sucesso de seu samba pode ter se dado com o auxílio de Xangô. Constata-se, assim, que as personagens negras, em *Quarto de Empregada* e *A Invasão* atingem uma profundidade não alcançada em *Orfeu*, *Pedro Mico* e *Gimba*.

Em *Pedro Mico* e *Gimba*, o morro é invadido pela polícia, mas o reverso também pode ocorrer um dia, isto é, o morro invadir a cidade. Em *Gota d'Água*, a polícia também está presente quando Creonte vai expulsar Joana; a descida dos favelados do morro em direção à cidade, apenas inferida na peça de Callado, acontece, de fato, na peça de Buarque e Pontes, quando todos, sob a liderança de mestre Egeu, procuram Creonte para reivindicar melhores condições de pagamento, mas a ação é diplomática e os favelados acabam sendo ludibriados novamente. Em *A Invasão*, os favelados invadem a cidade, ocupando o prédio abandonado e enfrentando as autoridades. No entanto, a presença do deputado Deodato revela um mecanismo de exploração similar ao de *Gota d'Água*. Através da manipulação dos poderes, os favelados, acuados, de modo semelhante aos moradores da Vila do Meio-Dia em relação a Creonte, são obrigados a pagar indevidamente para permanecer no local que escolheram residir. Novamente é a polícia, retratada em *A Invasão* como corrupta, quem legitima a ação inescrupulosa daqueles que se valem da fragilidade dos desafortunados para aumentar seus lucros.

O prédio inacabado constitui o único cenário da peça de Dias Gomes. Ocupado por egressos do morro expulsos pela enchente, o edifício é assim descrito na rubrica:

Cada um dos pisos é dividido ao meio por uma série de pilastras, de modo que a cena abrange, na realidade, os esqueletos de quatro apartamentos, dois no térreo e dois no primeiro andar, ligados, ao fundo, por uma escada, que continua para os andares superiores.[22]

Embora exista a informação de que a escada continua em direção aos andares superiores, sabe-se que a trama detém-se em apenas quatro núcleos familiares – Lindalva e Bola Sete;

22 D. Gomes, *Coleção Dias Gomes 3*, p. 28.

o Profeta; Bené, Isabel e Lula; Justino e família –, ocupantes do térreo e do primeiro andar. Revela-se, ainda, que a obra tem a aparência de estar paralisada há anos e que um muro de tábuas cerca o edifício. Na pequena área da frente, acontecem algumas cenas, como o diálogo entre Lula e Malu ou a morte de Mané Gorila.

De maneira similar às peças do eixo do morro, nota-se que os favelados que invadem a cidade também vivem em condições precárias em termos de infraestrutura. Como o edifício encontra-se ainda em construção, não se tem água encanada nem luz elétrica. Assim, a personagem Isabel, lavadeira e passadeira de roupas, tem que trabalhar carregando baldes de água e utilizar ferro movido a brasa. A água necessária para a alimentação e higiene é retirada de uma bica, localizada do lado de fora.

No desenrolar dos eventos, sabe-se que o prédio invadido havia sido planejado para ser um hospital do governo, mas desacordos com a empreiteira paralisaram as obras. Tem-se, portanto, um local destinado ao serviço público de saúde sendo invadido por desafortunados interessados em fixar residência ali. Em outras palavras, há o intuito de instaurar o código da casa, que remete a aconchego, em um espaço projetado enquanto ícone da rua, já que seria frequentado por pessoas desconhecidas.

Por outro lado, percebe-se que o edifício, apesar de representar abrigo para os sem-teto, não fornece, no início, privacidade às personagens. Isso ocorre porque as paredes que dividem os apartamentos não foram construídas. A ausência de marcos físicos que delimitem o espaço de cada núcleo fica evidente quando Bola Sete, na penumbra, durante enlace amoroso com Lindalva, comenta que um conhecido passou por eles: "Nada, nega. O panela de pressão que tirou um fino em nós. Esses caras não respeitam nem o amor da gente."[23] Da mesma forma, quando o bebê de Santa morre, todos se dão conta do ocorrido em função da proximidade e da falta de paredes.

Além da falta de privacidade entre os moradores, o edifício encontra-se completamente desprotegido, sendo acessível a qualquer pessoa da rua que decida adentrá-lo. Da iminência de serem expulsos, resulta, ainda, um constante conflito interno,

23 Ibidem, p. 49.

que poderia ser resumido da seguinte forma: "Aqui é minha casa ou local de passagem?"

Se Suely e Rosa, em *Quarto de Empregada*, podem inquietar-se com a presença das malas cheias de roupas, sempre a lembrar-lhes da possibilidade, remota, da partida, o que dizer dos favelados de *A Invasão*, continuamente acossados diante do medo de uma nova expulsão? Aqui há um paralelo interessante, pois enquanto as personagens da primeira peça desejam libertar-se do quarto de serviçal, as da segunda, em oposição, querem ficar no espaço invadido.

O que se observa nitidamente, em *A Invasão*, é que o prédio, sem paredes, vai ganhando divisórias com o passar do tempo, de modo que os apartamentos migram da perspectiva da rua (pública) para o da casa (local íntimo). Assim, três dias depois do ingresso, há um esforço em tornar as residências mais habitáveis, "notando-se a melhor arrumação dos móveis"[24]. Dois meses após, vê-se que "as paredes laterais foram construídas com pedaços de madeira"[25]; e passados seis meses, "os apartamentos têm portas e janelas feitas de madeira desigual e pintadas das mais desencontradas cores"[26].

Percebe-se que o cimento do esqueleto, matéria que remete ao frio e ao desconforto, mistura-se à madeira, elemento ligado ao aconchego. O cinza dos alicerces, da mesma forma, é subvertido pela intrusão de cores variadas. O que antes era visível a todos, torna-se íntimo, através do acabamento das portas e janelas. Embora as melhorias nas habitações sejam visíveis, o sentimento de inadequação entre os moradores permanece, tendo em vista a possibilidade constante da expulsão. A questão gera um conflito de crescente dramaticidade, pois quanto mais os apartamentos aproximam-se do imaginário de casa, maior o temor de perdê-los.

Nesse sentido, infere-se que a dificuldade em estabelecer residência fixa confere aos favelados uma sina comum aos desvalidos de outros eixos espaciais: a do contínuo deslocamento. O exemplo mais nítido está em Justino e sua família. Tal como Severino, de *Morte e Vida*, e os lavradores, de *Vereda*

---

24 Ibidem, p. 83.
25 Ibidem, p. 137.
26 Ibidem, p. 169.

da Salvação, eles são retirantes nordestinos em busca de melhores condições de existência. Justino, que tem "uma força interior difícil de explicar, pois tudo nele é a imagem de derrota"[27], conforme diz a rubrica, é um exemplo comovente do homem que, "expulso" do campo, não se adapta à cidade. Como se não bastasse o sentimento de culpa por ter desistido do sertão – "A terra é boa, nós é que somos frouxos"[28] –, o pai de família fica absolutamente desconcertado ao descobrir que a mulher teve que pedir esmola nas ruas. O contato com a metrópole é ainda mais decepcionante do que a seca, levando-o à triste dedução: "Nós somos demais aqui, Malu. A cidade empurra a gente pra fora. Tudo empurra pra fora. Até parece que nós cometemos algum crime. Invadimos terra alheia."[29]

A sina de estarem frequentemente impelidos a migrar também é recorrente em outros núcleos. Isabel, por exemplo, conta que sua família, depois de expulsa da favela pela enchente, deslocou-se para o Albergue da Boa Vontade, mas após três dias foram colocados na rua. Veja-se que nem ao menos retornar ao espaço do morro as personagens podem, já que grileiros, com a conivência da polícia, se apropriaram do lugar para construir arranha-céus. Mesmo levando em conta o final otimista, em que o juiz decide pela permanência temporária do grupo no prédio invadido, a verdade é que não se sabe por quanto tempo eles conseguirão permanecer na moradia não regularizada.

Conforme aponta DaMatta, as expressões: "estar na rua da amargura" ou "no olho da rua" denotam a anulação violenta de determinado grupo social, relegado ao isolamento e ao abandono[30]. Assim, os desafortunados de *A Invasão*, à semelhança de outros analisados, encontram-se expostos aos códigos da rua, condenados à procura constante de um lugar dignamente habitável.

O outro mundo, por sua vez, assim como em *Quarto de Empregada*, aparece mais suavizado no eixo da cidade. O lunático Profeta, sem dúvida, surge como o elo possível entre a realidade e a transcendência. Falando sempre de olhos

---

27 Ibidem, p. 30.
28 Ibidem, p. 47.
29 Ibidem, p. 45.
30 *A Casa e a Rua*, p. 53.

cerrados, a personagem vive a recitar trechos bíblicos, lembrando que existe um reino divino à espera dos miseráveis. Diferentemente de Joaquim, de *Vereda da Salvação*, que tem uma forte capacidade de convencimento em relação aos seus ouvintes, o Profeta de Dias Gomes, mulato de pequena estatura perdido na cidade, fala para poucos, sendo visto mais como figura excêntrica do que como porta-voz de Deus. Não por acaso, Lula comenta, de modo irônico, que se ele é capaz de prever o futuro, deveria ter alertado sobre a enchente.

Embora fique claro que a maioria das personagens não acredita no contato do Profeta com a esfera divina, vê-se que as suas palavras vão ganhando o interesse paulatino dos favelados. A razão disso é a conotação política e social implícita em seu discurso. Ao dizer "Bem-aventurados os mansos, porque eles herdarão a terra"[31], o desejo de um dia conquistar um espaço digno é potencializado, apesar de colocar a possibilidade de felicidade e a chance de ter uma casa apenas no outro mundo: "Nós devemos juntar tesouros mas é no céu. Lá a gente deve ter a nossa casa, as nossas riquezas, porque lá não entra quem roubou na terra o que era de todos."[32] É notória em sua fala a crença de que, na Terra, somente algumas pessoas usufruem daquilo que deveria ser de todos. Nesse sentido, a crítica às desigualdades sociais atrai não somente os favelados como também a polícia. Por essa razão, o Profeta é preso no momento em que, intitulando-se apóstolo de Cristo, enaltece uma visão socialista de mundo: "Todos os países misturados num só país! E todas as riquezas formando uma enorme montanha, onde cada um vinha buscar o que precisava, sem ter de pagar, pedir ou roubar!"[33]

Embora o Profeta remeta ao outro mundo, não há indícios de que exista uma força sobrenatural agindo em seu nome. O seu discurso ganha importância não em função do apelo religioso, mas dos questionamentos sociais implícitos. Resta lembrar ainda que na esfera do outro mundo existe a menção ao babalorixá Joãozinho da Goméa, visitado por Bola Sete e Lindalva, que encomendam despachos para o sucesso do

---

31 D. Gomes, *Coleção Dias Gomes 3*, p. 35.
32 Ibidem, p. 48.
33 Ibidem, p. 170.

compositor. Embora não se saiba se a macumba funciona, a verdade é que, depois disso, o pedreiro consegue finalmente emplacar um samba de sua autoria.

"O ABAJUR LILÁS", DE PLÍNIO MARCOS

Entre os principais dramaturgos das personagens do submundo, está o paulista Plínio Marcos, autor de *Barrela* (1958), *Dois Perdidos numa Noite Suja* (1966), *Navalha na Carne* (1967) e *A Mancha Roxa* (1988), entre outras. Autointitulado "repórter de um tempo mau", o escritor retrata o cotidiano de prostitutas, cafetões, presidiários, menores abandonados e afins, a partir de uma linguagem crua, em que palavrões e gírias são recorrentes.

Décio de Almeida Prado sugere que as peças de Plínio são um indício de uma certa insatisfação com o teatro político de então. Em vez de tematizar a questão social, o dramaturgo a colocaria como pano de fundo, privilegiando os conflitos interindividuais. Além disso, para Décio, Plínio não retrata as personagens sob a perspectiva do proletariado, mas do "subpovo, o subproletariado, uma escória que não alcançara sequer os degraus mais ínfimos da hierarquia capitalista"[34].

Embora publicado em 1975, *O Abajur Lilás* já existia em manuscrito. A primeira montagem do texto foi proibida em 1969 e permaneceu proibida até 1980. A montagem original tinha direção de Antônio Abujamra e atuações de Lima Duarte, Cacilda Lanusa, Walderez de Barros, Ariclê Perez e Osmar di Pieri. A estreia de 1980, por sua vez, contou com a direção de Fauzi Arap, tendo Walderez de Barros, Cláudia Melo, Annamaria Dias, Zé Fernandes e Zé Carlos Cardoso como atores.

Apesar de ter a mesma temática de *Navalha na Carne* – o mundo da prostituição de baixa renda –, *O Abajur Lilás*, escrita posteriormente, é mais longa e incisiva no que tange aos conflitos de poder entre as personagens. A primeira peça condensa sua ação em ato único, a segunda tem dois atos, divididos em cinco quadros; além disso, *O Abajur Lilás* possui cinco figuras

---

34   *O Teatro Brasileiro Moderno*, p. 103.

ficcionais – Dilma, Célia, Leninha, Giro e Osvaldo –, ao passo que *Navalha* vale-se do trio Neusa Sueli, Vado e Veludo.

Durante toda a trama, o cenário sórdido de um quarto de encontros sexuais (o mocó) e uma linguagem de baixo calão instauram a atmosfera de decadência das zonas de prostituição pobres. Sábato Magaldi aponta como o pequeno universo doméstico retratado na peça tem validade própria, impondo-se pela correta psicologia das personagens:

Na sede de poder, que garante a segurança econômica, Giro tenta explorar ao máximo as três prostitutas. [...] Dilma é acomodada, porque tem um filho para criar e teme as represálias. Leninha pensa obter vantagens, pelo espírito conciliador, mas faz na verdade o jogo de Giro e chega à delação. Célia é a revoltada irracional, que explode loucamente o desejo de vingança, sem pensar em meios e consequências. Osvaldo serve aparentemente a Giro, mas, ressentido com a própria impotência, se entrega ao prazer sádico de torturar as prostitutas.[35]

Em concordância com o crítico, nota-se que as prostitutas apresentam três comportamentos distintos no que tange à situação de exploração. Dilma, embora tenha princípios éticos e seja solidária a Célia, evita entrar em confronto com Giro por temer prejudicar o filho. Leninha, apesar de reivindicar melhorias nas condições de trabalho, é individualista, negando-se a articular alguma manifestação conjunta contra o proxeneta. Célia, por sua vez, é a mais indignada; suas atitudes irracionais, contudo, impedem um enfrentamento eficaz contra a opressão esmagadora. Já Osvaldo, que tem a sua personalidade pouco explorada, parece ser a figura ficcional mais frágil em termos de construção psicológica. Mesmo levando em conta que a impotência sexual é colocada, na peça, como a justificativa principal de seu sadismo, fica-se com a impressão de que faltam dados da interioridade ou do passado do agressor que expliquem razoavelmente a sua psicopatia. Essa superficialidade evidencia, de certa forma, que o auxiliar de Giro tem uma função mais simbólica do que realista na peça, na medida em que ele pode personificar as "entidades torturadoras" da ditadura brasileira.

---

35 Um Contundente Veredito Contra o Poder Ilegítimo, *O Estado de S. Paulo*, 19 jul. 1980, disponível em: <www.pliniomarcos.com>.

Indo nessa direção, Magaldi comenta que o microcosmo em *O Abajur Lilás* está nitidamente vinculado à sua extensão, o macrocosmo. Por refletir de maneira metafórica a situação política brasileira dos últimos anos, a peça propicia o desnudamento de um período de terror. A montagem, censurada durante onze anos, tornou-se para o crítico, além de um trabalho de expressivo valor artístico, um relato histórico, uma vez que é o mais contundente veredito a propósito de um regime.

Clóvis Garcia ressalta que a peça é, num primeiro momento, quase naturalista, e que a realidade do meio é mostrada sem qualquer disfarce ou seleção de fatos. Numa segunda leitura, vê-se que a ênfase está nas relações entre explorador e explorado, dado que remete às estruturas sociais dominantes. Para ele, se o dono do "mocó" exerce sua tirania apoiado na força bruta de Osvaldo, também as prostitutas se digladiam, cada uma representando um tipo de reação diante da exploração de Giro, sem, contudo, conseguir libertar-se dela[36]. Já Alberto Guzik salienta que as personagens de *O Abajur Lilás* agem compulsivamente e que a obsessão pela sobrevivência lhes confere a estatura de mitos: "modernos, esquálidos, asquerosos"[37]. O crítico acredita que a obra toda "emana igualmente um canto de piedade e amor de Plínio pelos deserdados, marginalizados e espezinhados"[38].

É nítida a inserção das prostitutas na classe dos oprimidos. Como se não bastasse o trabalho degradante de vender o corpo nas ruas da cidade, as meretrizes ainda sofrem a pressão e a exploração de Giro. Este, por sua vez, apesar de viver em ambiente decadente, situa-se na classe intermediária, pois é dono de uma propriedade, o mocó, além de usufruir de boa parte do dinheiro conquistado arduamente por suas funcionárias. Osvaldo, na condição de auxiliar de Giro, enquadra-se na classe subalterna, no meio termo entre o patrão e as prostitutas.

O cenário consiste no famigerado mocó, ponto de encontros sexuais. De modo similar a *Quarto de Empregada*, toda a ação se passa em um aposento único. Na peça de Plínio Marcos,

---

36 Linguagem Livre, em "Abajur Lilás", *O Estado de S. Paulo*, 9 jul. 1980, disponível em: <www.pliniomarcos.com>.
37 Crítica a "O Abajur Lilás", *Isto É*, 16 jul. 1980, disponível em: <www.pliniomarcos.com>.
38 Ibidem.

o ambiente não é descrito a partir de uma rubrica inicial, de modo que a visualização da cena, para o leitor, dá-se a partir da fala das personagens e de algumas didascálias distribuídas ao longo do texto. Assim, entende-se que se trata de um quarto de prostituição porque Dilma adentra o local contando um resto de dinheiro, com ar de desânimo. A entrada de Giro e o posterior diálogo travado deixam claro o que, de fato, acontece no mocó.

Através de informações pontuais, sabe-se que o quarto encontra-se agregado a um banheiro, tendo em seu interior uma cama de casal, uma penteadeira com sua respectiva banqueta e o abajur que intitula a peça. Mais adiante, com a chegada de Leninha, uma cama de solteiro é adicionada ao quarto.

O único elemento que tem a sua disposição especificada no texto é a janela, situada no espaço da "quarta parede". Isso fica evidente no final do primeiro ato, quando Giro fecha a cortina como se estivesse fechando a janela do mocó, a fim de deixar Dilma e um cliente mais à vontade. Sabe-se que o banheiro encontra-se escondido porque, conforme a rubrica, "Escuta-se descarga de privada e, logo depois Dilma aparece, saindo do banheiro"[39], mas não se sabe qual a sua direção. Fica-se com a impressão de que o dramaturgo não especificou a localização de vários dos elementos espaciais com o intuito de deixar os eventuais diretores livres para compor o ambiente da peça. Acrescente-se, ainda, que, nas cenas finais, três cadeiras são introduzidas no local.

O primeiro aspecto a chamar a atenção na análise da ambientação de *O Abajur Lilás* é a proximidade com a proposta de *Quarto de Empregada*, tendo em vista que, nas duas peças, as personagens dormem e trabalham num único lugar. Enquanto no texto de Freire as empregadas dormem num quarto de serviçal, fazendo a limpeza no restante do apartamento, no caso do drama de Plínio a conexão espacial entre trabalho e lazer é ainda mais acentuada, já que as prostitutas vendem o corpo e descansam no reduzido ambiente do mocó. Por essa razão, as garotas de programa, assim como as empregadas, vivenciam uma confusão entre os códigos da casa (descanso) e os da rua (trabalho).

Acentua-se ainda a subversão do imaginário da casa, já que, em vez de proteção e aconchego, o mocó remete ao perigo

---

39 *O Abajur Lilás*, p. 190.

e à degradação. O quarto, supostamente privado, torna-se, na peça, ambiente público, sendo frequentado por vários clientes. A promiscuidade entre público e privado encontra seu auge no exercício da prostituição, quando o corpo, a "morada do espírito", no dito popular, é conspurcado por desconhecidos. Se, de modo geral, as pessoas entendem ser embaraçoso mostrar o interior de suas residências para possíveis compradores desconhecidos, o que dizer do desconcerto de vender o espaço humano mais íntimo, o corpo, para um estranho? Talvez, por esse motivo, homens e mulheres prostituídos, mesmo os bem pagos, revelem-se, de alguma maneira, ressentidos por terem sua intimidade banalizada em troca de dinheiro.

Sem a intenção de interpretações moralistas, vê-se que é inerente à atividade da prostituição o rompimento de limites espaciais que preservam o corpo, pois ele deixa de ser entendido como veículo de prazer e passa a simples objeto de consumo. Novamente, o binômio casa *versus* trabalho ajuda a clarificar o raciocínio. Entendendo-se o corpo como a "morada mais íntima" do ser humano, no âmbito sexual a venda do corpo-casa como ferramenta de trabalho distancia-se da perspectiva da diversão. Em oposição, a utilização do corpo-casa como lazer, livre de remuneração e pautada pelo desejo físico, é mais prazerosa.

Nesse sentido, compreende-se por que as prostitutas, nas peças, revelam insatisfação em relação à profissão. Guiô, de *Gimba*, desistiu da zona, pois para exercer o ofício, "Precisa ter peito, sabe?"[40]. Aparecida, de *Pedro Mico*, afirma, acanhada, que se prostitui há pouco tempo. Em seguida, acrescenta: "Eu não gosto de fazer a vida não."[41] Mira de Tal, em *Orfeu*, não parece feliz trabalhando na Tendinha; segundo relato das Mulheres, ela é vista "fazendo toda sorte de estrupício / Dizendo cada nome e enchendo a cara"[42]. Malu, em *A Invasão*, declara sobre o deputado Deodato: "Detesto ele. Tenho nojo."[43] Em *O Abajur Lilás*, o asco também se manifesta em Leninha: "Tenho nojo de homem. São uns bostas"[44]; Célia, por seu turno, de modo seme-

---

40 G. Guarnieri, op. cit., p. 32.
41 A. Callado, op. cit., p. 24.
42 V. de Moraes, op. cit., p. 71.
43 D. Gomes, *Coleção Dias Gomes 3*, p. 198.
44 P. Marcos, op. cit., p. 217.

lhante a Mira, suporta a labuta com o auxílio da bebida: "Só de caco cheio aguento essa zorra"[45]; enquanto Dilma desabafa para Giro: "Tu pensa que eu gosto desta merda? Não gosto nada. Dia e noite no batente. Encarando branco, preto, amarelo, tarado, bebão, brocha, nojentos, sujos e tudo o que vem."[46]

Se, por um lado, as meretrizes pobres consideram o seu trabalho degradante, por outro, a sujeição ao trabalho doméstico é entendido como algo ainda mais desagradável. Em virtude disso, Aparecida, de *Pedro Mico*, pondera: "Pegar homem é melhor que pegar uma patroa atazanando a gente numa cozinha o dia inteiro."[47] Lembre-se que a jovem interiorana adere à prostituição depois de frustrar-se como empregada doméstica. Malu, de *A Invasão*, chega a visitar uma residência que precisa de serviçal, mas o tratamento pouco amistoso da patroa, revelado por Rita – "Malu disse pra moça que não cabia naquela cama. A moça respondeu que ela encolhesse as pernas"[48] –, faz com que a jovem desista da ocupação, tornando-se, posteriormente, amante de Deodato. Igualmente nessa direção, Leninha, de *O Abajur Lilás*, declara: "Duro é ser babá de filho dos outros pra ganhar uma merda". Em seguida, deduz: "E o que é pior é que a gente trabalha, trabalha e todo mundo acha que a gente é puta. Então, a ordem é ser puta mesmo."[49] O abandono da atividade doméstica em favor da prostituição entrevê-se também em *Quarto de Empregada*, quando Suely afirma que não é mulher da vida e sua interlocutora Rosa responde: "Não... mas vai ficar!"[50]

As passagens acima mencionadas apontam que a maioria das mulheres desafortunadas das peças encontra-se aprisionada às perspectivas da prostituição ou do trabalho de limpeza, conforme já observado no capítulo anterior. As que se tornaram garotas de programa, no geral, já passaram pela experiência de ser empregadas, concluindo que vender o corpo é melhor do que ser doméstica. Esse dado não significa que as personagens enalteçam a prostituição, mas, antes, evidencia a repulsa delas em relação ao subemprego em residências familiares. Sabe-se,

45 Ibidem, p. 191.
46 Ibidem, p. 189.
47 A. Callado, op. cit., p. 25.
48 D. Gomes, *Coleção Dias Gomes 3*, p. 99.
49 P. Marcos, op. cit., p. 216-217.
50 R. Freire, op. cit., p. 6.

contudo, que tanto as prostitutas quanto as empregadas, além de sofrerem preconceito social, encontram-se à margem do sistema de produção econômico.

A CASA EM AMBIENTE PÚBLICO

Prostitutas, biscateiros, trabalhadores da construção civil, empregadas domésticas, passadeiras, pedintes e retirantes protagonizam o eixo das personagens desvalidas do centro urbano. Ocupantes de quartos de empregada, de prédios inacabados e de aposentos de encontros sexuais, as figuras ficcionais desse setor, nas peças, representam o significativo contingente de brasileiros desafortunados que, de modo árduo e, às vezes, pouco honroso, trabalham no centro da cidade.

De modo análogo ao eixo da favela, as mulheres do eixo urbano apresentam uma oscilação entre o exercício das profissões dométicas e o da prostituição. Ambas requerem esforço físico constante, sendo encaradas pela sociedade, em maior ou menor grau, como aviltantes.

É interessante analisar o que dizem Heleieth Saffioti e Fernando Gabeira acerca do emprego doméstico e da prostituição, respectivamente. Saffioti analisa a atividade, ressaltando que a remuneração da tarefa nasceu junto com o advento do capitalismo, já que, anteriormente, a escrava ou serva realizava o trabalho sem retribuição alguma. Mesmo engendrada pelo sistema econômico hegemônico, a função de empregada doméstica configura-se, segundo a teórica, como uma atividade não capitalista. A razão disso é que: "As empregadas domésticas executam tarefas cujo 'produto', bens e serviços, são consumidos diretamente pela família empregadora, não circulando no mercado para efeito de troca e com objetivo de lucro."[51]

A exploração das serviçais do ramo não se pauta, pois, na extração da mais-valia, como ocorre com os trabalhadores produtivos do setor capitalista da economia. Por outro lado, como uma espécie de efeito cascata, a doméstica sentiria os efeitos da má remuneração de sua patroa. Em outras palavras, o seu

---

51 Emprego Doméstico e Capitalismo, *Mulher Brasileira*, p. 47.

parco salário teria relação com a exploração sofrida pela patroa enquanto assalariada do capitalismo. Nesse sentido, mesmo que não vinculada diretamente ao sistema capitalista, a atividade doméstica nele se integra, criando condições para sua plena reprodução.

Saffioti pondera ainda que, por não usufruírem das pequenas vantagens oferecidas pelo sistema econômico vigente, as empregadas domésticas ficam, de certa forma, à margem do capitalismo. Ademais, ela lembra que a função de limpeza do lar, sendo trabalho gratuito ou remunerado, está culturalmente associada à figura feminina. A injusta divisão de trabalho segundo o sexo, para a pesquisadora, destinaria aos homens "a esfera pública da economia e às mulheres o mundo restrito da família e da residência"[52].

Sem dúvida, no Brasil, o trabalho doméstico, sobretudo o remunerado, é exercido predominantemente por mulheres. A inferência espacial de Saffioti em relação ao direcionamento feminino para o ambiente da casa encontra ressonância na teoria de DaMatta. O antropólogo, conforme já dito, destaca que, no imaginário coletivo, a residência surge como local sagrado, destinado à preservação moral das mulheres, ao passo que a rua é local de perdição, onde ficam as meretrizes. Como já se viu, no caso de *Quarto de Empregada*, as serviçais estão restritas a um ambiente familiar, mas, de modo paradoxal, encontram-se privadas de um lar verdadeiro. O aposento em que dormem, por estar inserido no local de trabalho, não se configura como uma casa. É, antes, um pseudolar, regido pelos códigos de impessoalidade da rua, não oferecendo privacidade, tranquilidade ou aconchego para Rosa e Suely. É como se as empregadas, por dormirem em casa alheia, estivessem na rua. É também nesse espaço que as mulheres de baixa renda exercem a prostituição, dado que aproxima empregadas domésticas e garotas de programa, ambas subordinadas ao código da rua.

Se a função de empregada doméstica encontra-se nitidamente associada à figura feminina, no caso da prostituição a situação não é diferente. Embora muitos homens, travestis e transexuais se prostituam, a atividade é exercida sobretudo por

---

52 Ibidem, p. 53.

mulheres. A situação de estar à margem dos mecanismos de proteção trabalhista, comum entre domésticas e diaristas, também ocorre com as meretrizes, tanto que, no Brasil, a profissão recebe da sociedade um tratamento ambíguo, pois apesar de não ser considerada "crime", não conquistou ainda a legitimação. Existe, nesse sentido, o projeto de lei número 98, de 2003, da autoria do então deputado federal Fernando Gabeira que, inspirado numa lei alemã de 2001, defende a legalização da profissão, apontando como justificativa que:

A prostituição é uma atividade contemporânea à própria civilização. Embora tenha sido, e continue sendo, reprimida inclusive com violência e estigmatizada, o fato é que a atividade subsiste porque a própria sociedade que a condena a mantém. Não haveria prostituição se não houvesse quem pagasse por ela.[53]

O político acrescenta ainda que o único caminho digno é admitir a realidade, pois apesar dos inúmeros episódios de repressão à profissão ao longo da história, a prestação de serviços sexuais nunca deixou de existir. Assim, a legalização surge como uma forma de reduzir os malefícios resultantes da marginalização da atividade. Como benefícios, os profissionais do sexo teriam direito a carteira de trabalho assinada, vinculação à Previdência Social e assistência médica. Por prever também a descriminalização de quem favorece a prostituição, já que não há sentido em recriminar quem facilita algo legal, o projeto de lei, obviamente polêmico, não recebeu, até o momento, aprovação no Plenário. De fato, tal como está, o projeto corre o risco de estimular ainda mais a indústria do sexo, mantendo as prostitutas como reféns de seus empresários, os grandes beneficiados economicamente. A discussão levantada por Gabeira, de qualquer forma, é pertinente e evidencia o quanto a prostituição permanece estigmatizada no Brasil.

No time das trabalhadoras domésticas estão Isabel (lavadeira e passadeira) e Lindalva (do lar), de *A Invasão*; e Rosa e Suely (domésticas), de *Quarto de Empregada*. As irmãs Malu e Rita, no texto de Dias Gomes, ficam indecisas entre a ocupação de empregada e a de garota de programa. A primeira

---

53 Projeto de Lei n. 98-2003, p. 2.

acaba vinculando-se, ainda que de modo sutil, à prostituição, ao amigar-se com o deputado Deodato. No entanto, o rompimento com o político e o afeto por Lula deixam indefinida a escolha final da jovem, que pode, com o auxílio do rapaz, tornar-se ainda uma operária. No caso de Rita, fica subentendida uma tendência à prostituição, embora ela tenha dito aos pais que conseguiu um emprego de doméstica numa casa de família. Dilma, Célia e Leninha, em *O Abajur Lilás*, enquadram-se na categoria das prostitutas assumidas e calejadas pela rotina degradante. Ressalte-se ainda que Santa, em *A Invasão*, é uma exceção; sem vincular-se à função de doméstica ou à prostituição, a retirante recorre, quando necessário, à mendicância.

Fica evidente, nas três peças do eixo urbano, que a precária situação financeira desemboca, em maior ou menor escala, num conflito de classes. Se por um lado *Quarto de Empregada* apresenta personagens insatisfeitas e impotentes diante de uma condição desfavorável, *A Invasão* e *O Abajur Lilás* exploram as possibilidades de ação e revolta em relação a um contexto econômico adverso. No texto de Plínio, o esboço de reação das prostitutas mostra-se infrutífero, já em Dias Gomes, em oposição, o desfecho é mais otimista, pois os favelados ganham a primeira batalha judicial que lhes permite permanecer no prédio ocupado.

Pode-se apontar, ainda, que os títulos das peças do eixo do centro urbano – *Quarto de Empregada*, *A Invasão*, *O Abajur Lilás* – vinculam-se ao mesmo paradigma semântico, na medida em que remetem, de alguma forma, à espacialidade. O primeiro faz menção a um aposento de serviçais, o segundo denota a entrada não permitida em determinado ambiente e o terceiro é um objeto funcional e decorativo. Além disso, o enredo dos três textos direciona para um conflito de classes personificado numa dicotomia ambiental de significação simbólica. As empregadas ressentem-se por não terem uma casa que possam chamar de sua; os invasores tentam transformar um prédio abandonado e sem divisórias em residências íntimas, afrontando as autoridades policiais; e as prostitutas, por fim, brigam pelo abajur quebrado que, funcionando ou não, é incapaz de iluminar uma saída possível para os opressivos mecanismos de exploração que as prendem ao mocó.

5. Entre Severinos e Malandros, Domésticas e Prostitutas:

quem são e onde vivem os desvalidos da dramaturgia brasileira?

A análise da representação dos desafortunados nas dez peças permite a identificação de alguns modelos de atuação associados às personagens desvalidas do drama brasileiro do século XX. Esses modelos são tipificações possíveis, em que determinado grupo de oprimidos age de maneira semelhante em relação ao meio que o circunda. Além disso, não são excludentes, sendo possível que algumas figuras ficcionais estejam inseridas em mais de um paradigma comportamental.

Dessa forma, destacam-se, nos textos teatrais estudados – *Auto da Compadecida*, de Ariano Suassuna; *Morte e Vida Severina*, de João Cabral de Melo Neto; *Vereda da Salvação*, de Jorge Andrade; *Orfeu da Conceição*, de Vinicius de Moraes; *Gota d'Água*, de Chico Buarque e Paulo Pontes; *Pedro Mico*, de Antonio Callado; *Gimba*, de Gianfrancesco Guarnieri; *Quarto de Empregada*, de Roberto Freire; *A Invasão*, de Dias Gomes; e *O Abajur Lilás*, de Plínio Marcos –, os seguintes modelos de atuação:

- os "sem-terra": trabalhadores rurais pobres que, sem um pedaço de terra para plantar e/ou condições dignas de manutenção no campo, deslocam-se para outras paragens em busca de melhor sorte. Encontram-se materializados em Severino e seus pares, em *Morte e Vida Severina*; em Joaquim, Dolor e demais meeiros, em *Vereda da Salvação*; e em Justino e Santa, de *A Invasão*;

- os "sem-teto": trabalhadores pobres da cidade e da periferia que, atuando em subempregos, encontram-se privados da vivência física e simbólica de um lar verdadeiro. São os moradores expulsos da favela, em *A Invasão*; as empregadas domésticas Rosa e Suely, em *Quarto de Empregada*; e as prostitutas Célia, Dilma e Leninha, em *O Abajur Lilás*;

- os "malandros biscateiros": homens pobres capazes de driblar a miséria através de bicos ou trapaças, geralmente inofensivas, ou fazendo corpo mole para o trabalho, sendo geralmente sustentados pela mulher. Estão nesse nicho os criativos João Grilo e Chicó, de *Auto da Compadecida*; e Gabiró e Rui, em *Gimba*;

- os "malandros poetas": homens geralmente sustentados por mulheres que encontram na música uma forma de sedução como estratégia de sobrevivência. É o caso de Apolo e Orfeu, em *Orfeu da Conceição*; Jasão, em *Gota d'Água*; e Negrão, em *Gimba*;

- os "malandros bandidos": homens pobres e agressivos que recorrem ao mundo da criminalidade para amenizar a opressão econômica a que estão sujeitos. Não são sustentados pelas mulheres, mas o dinheiro que têm é ilícito, o que os faz permanecer em constante fuga da polícia. Gerados pela sociedade excludente, seguem um código de ética próprio, conquistando a empatia de parte dos desvalidos próximos, apesar de serem violentos. Estão nesse paradigma Severino do Aracaju e o Cangaceiro, em *Auto da Compadecida*; e os bandidos Pedro Mico e Gimba, das peças homônimas;

- os "garotos indecisos": hesitantes entre o mundo da criminalidade e o do subemprego e do improviso. São eles Zemélio, de *Pedro Mico*; Tico, de *Gimba*; e Tonho, de *A Invasão*;

- as "jovens indecisas": pobres e ainda divididas entre as limitadas ofertas do mundo doméstico e o da prostituição. Encontram-se aí Eurídice, Melize e Amélia, de *Orfeu da Conceição*, *Pedro Mico* e *Gimba*, respectivamente; e as irmãs Malu e Rita, de *A Invasão*;

- as "trabalhadoras domésticas": mulheres pobres, mas honradas, que através do desprestigiado serviço doméstico conseguem viver com relativa dignidade. É o caso de Clio, de *Orfeu da Conceição*; Joana, de *Gota d'Água*; Lindalva e Isabel, de *A Invasão*; Rosa e Suely, de *Quarto de Empregada*;
- as "trabalhadoras do sexo": mulheres pobres e degradadas que, depois de humilhadas em empregos domésticos, optaram por aderir à prostituição. Fazem parte desse grupo Mira de Tal e suas colegas, de *Orfeu da Conceição*; Aparecida, de *Pedro Mico*; Guiô, de *Gimba*; e Célia, Dilma e Leninha, de *O Abajur Lilás*;
- os "profetas": visionários pobres que, de maneira real ou apenas imaginada, estabelecem algum tipo de conexão com o mundo sobrenatural. São eles João Grilo, de *Auto da Compadecida*; Severino, de *Morte e Vida Severina*; Joaquim e Dolor, em *Vereda da Salvação*; o protagonista, de *Orfeu da Conceição*; Joana, em *Gota d'Água*; Pedro Mico, no texto de Callado; Chica Maluca, em *Gimba*; e o Profeta, em *A Invasão*.

É interessante observar como os sem-terra e os sem-teto constituem modelos de atuação que, retratados pela primeira vez nas peças teatrais das décadas de 1950 e 1960, caracterizam-se, nos dias de hoje, como importantes movimentos de reivindicação dos desfavorecidos do Brasil. Chama a atenção ainda o fato de que essas duas tipologias são relativamente amplas, abrangendo os desafortunados de ambos os sexos e de distintos lugares.

Por outro lado, os malandros biscateiros, os malandros bandidos, os malandros poetas, os garotos indecisos, as trabalhadoras domésticas, as trabalhadoras do sexo e as jovens indecisas, nos textos dramáticos, compõem modelos de atuação mais engessados, em que o gênero parece determinar destinos bastante restritos. Em *Auto da Compadecida*, *Orfeu da Conceição*, *Gota d'Água*, *Pedro Mico* e *Gimba*, as figuras masculinas estão condenadas a dois tipos de reação diante da miséria: a resignada, em que a válvula de escape para a opressão econômica situa-se no terreno da astúcia ou do samba (malandros biscateiros e malandros poetas), e a inconformada, pautada pela agressividade (malandros bandidos). Por essa razão, os fazedores de pão João Grilo e Chicó amenizam a pobreza a que estão relegados por meio de suas lúdicas histórias de enganação; Apolo, Orfeu, Jasão e Negrão encontram no samba um diferencial que os torna sedutores. Em oposição a eles, estão os insubmissos e carismáticos Severino do Aracaju, o Cangaceiro, Pedro Mico e Gimba, heróis-bandidos que criam um código moral próprio, paralelo ao oficial.

Quanto aos garotos indecisos, nota-se que a peça de Callado não revela o futuro do menino de recados Zemélio, ficando evidente apenas o fato de que ele tem uma grande admiração por Pedro Mico e que deseja segui-lo para onde ele for. Tico, de modo similar, espelha-se no bandido Gimba, mas seu futuro não fica indefinido como o de Zemélio, pois o texto de Guarnieri mostra que o rapaz se torna um bandido tão famoso quanto Gimba, após matar Gabiró. O Tonho do texto de Dias Gomes até estava disposto a seguir as normas de um mundo regrado, trabalhando como ajudante de pedreiro; entretanto, a atuação de Mané Gorila deixa o rapaz numa situação limite e ele, por impulso, mata o explorador, entrando quase que involuntariamente no mundo da criminalidade. O importante a frisar sobre os garotos indecisos é que eles se caracterizam por estar em uma fase de transição, ainda vacilantes entre o universo regrado e o do crime.

As mulheres desvalidas de *Orfeu da Conceição*, *Gota d'Água*, *Pedro Mico*, *Gimba*, *Quarto de Empregada*, *A Invasão* e *O Abajur Lilás* estão presas a paradigmas comportamentais predominantes, configurando-se como trabalhadoras domésticas ou trabalhadoras do sexo. Clio, Joana e Lindalva são as fiéis companheiras de Apolo, Jasão e Bola Sete; elas organizam e mantêm o lar, lavando ou costurando roupa para fora. Rosa e Suely, por sua vez, não têm maridos, mas assim como as citadas acima, exercem atividade caseira, ganhando a vida como empregadas. Contrapondo-se a elas estão Mira de Tal e suas colegas, Aparecida, Guiô, Célia, Dilma e Leninha, que sobrevivem por meio da venda de seus corpos. Enquanto as trabalhadoras domésticas limpam a sujeira produzida por seus maridos ou patrões, as trabalhadoras do sexo, em contrapartida, fazem o "serviço sujo", isto é, a cópula mecânica, em que se assume o fetiche masculino da mulher-coisificada, vista como um objeto de consumo e de posterior descarte. As duas profissões, nesse sentido, vinculam-se à ideia de sujeira, real ou metafórica.

As jovens indecisas, de modo idêntico aos garotos indecisos, distinguem-se pela indefinição entre dois modelos de atuação preponderantes. Eurídice, Melize e Amélia ainda não exercem nenhuma atividade remunerada nas peças, mas de suas inclinações amorosas subentende-se que elas desejam se tornar donas de casa, ou melhor, organizadoras do lar, como futuras companheiras de Orfeu, Pedro Mico e Rui, respectivamente. As irmãs Malu e Rita, por sua vez, desiludidas com o serviço doméstico, mostram uma inclinação para a prostituição. O futuro de Malu, no entanto, fica incerto, pois existe a possibilidade de que ela rompa com esses paradigmas através da influência de Lula, conquistando possivelmente uma vaga como operária da fábrica, o que configuraria uma ascensão social, adquirida pela migração de classe.

Vale a pena frisar que os malandros poetas Apolo, Orfeu e Jasão mostram uma preferência pelas trabalhadoras domésticas Clio, Eurídice e Joana (até Jasão conhecer Alma); já os malandros bandidos Pedro Mico e Gimba, por sua vez, interessam-se pelas trabalhadoras do sexo Aparecida e Guiô. Enquanto as primeiras constituem parceiras ideais para os malandros poetas, sendo eventualmente arrimo de família, as prostitutas, de modo análogo, são as possíveis cúmplices e acobertadoras dos crimes protagonizados pelos bandidos heróis.

Compondo o último modelo de atuação identificado nos textos, estão os profetas, representados por homens e mulheres que têm, ou imaginam ter, contatos com o universo transcendental. João Grilo volta do juízo final, onde trava uma batalha retórica com o Encourado, Jesus e Nossa Senhora, a fim de escapar do Inferno; no entanto, o inusitado fato pode ser interpretado apenas como delírio do ajudante de padeiro, que estava moribundo em função do tiro que levou. No caso do Severino cabralino, a leitura de seu deslocamento como peregrinação leva à interpretação de que, ao final da romaria, o retirante entrou em contato com a esfera divina ao deparar-se com o menino Jesus; por outro lado, quando a caminhada é entendida como migração, a criança torna-se apenas mais uma entre tantas outras recém-nascidas. Verifica-se a mesma ambiguidade em Chica Maluca, que pode, ou não, por meio da feitiçaria e da invocação de forças sobrenaturais, ter influído no destino trágico de Gimba. Orfeu, na mesma linha, talvez tenha tido acesso ao outro mundo, ao adentrar no clube "Maiorais do Inferno"; já o seu encontro com a Dama Negra deixa evidente que houve um contato com a figura da morte, ainda que metaforicamente. Se os nomes mencionados acima se distinguem pela incerteza quanto a uma possível comunicação com o além, Joaquim e Dolor, de *Vereda da Salvação*, Joana, de *Gota d'Água*, e o Profeta, de *A Invasão*, caracterizam-se como cidadãos que, a fim de fugir de uma situação opressiva, apenas fantasiam diálogos consoladores travados com seres divinos.

Depois de estabelecer algumas deduções no que tange à existência de certos modelos de atuação, torna-se propício investigar de que maneira as figuras desafortunadas transitam pelos espaços de significação social e qual a relação disso com a dinâmica dos conflitos de classe. Em linhas gerais, pode-se dizer que as personagens miseráveis, nas peças, apresentam dois padrões opostos de ocupação espacial: de um lado, têm-se as figuras *estacionárias* e relativamente aceitas pela sociedade, de outro, há as *migrantes*, que se deslocam continuamente e não são bem vistas pelo tecido social.

No primeiro setor, estão aquelas que exercem alguma atividade fixa e legal, mesmo que não regulamentada. Enquadram-se nessa categoria os funcionários de baixa renda, geralmente subassalariados, como os ajudantes de padeiro João Grilo e Chicó, os coveiros e o lavrador Manoel e seus filhos, todos inseridos no eixo rural. Na favela, têm-se a lavadeira Clio e o biscateiro Apolo, o garoto de recados Zemélio, o sambista Negrão e o biscateiro Rui. As jovens Eurídice, Melize e Amélia, embora aparentemente não trabalhem, entram nesse setor, já que moram em local fixo e, na condição de "do lar", não exercem atividade marginal. Já na cidade, as empregadas domésticas Rosa e Suely constituem um exemplo claro de personagens que apresentam relativa aprovação social e imobilidade espacial.

Esse primeiro grupo, apesar de situado em ambiente fixo, é regido pelas leis da impessoalidade da rua, conforme já analisado anteriormente. Por essa razão, João Grilo e Chicó são desvelados a partir do pátio da igreja, local público, por onde as possíveis vítimas de suas trapaças circulam. Os coveiros da peça cabralina, da mesma forma, situam-se no cemitério, lugar de visitação que reverbera, através de sua arquitetura, as diferenças de classe. O lavrador Manoel e seus filhos, Ana e Geraldo, moravam há anos numa mesma terra que, até a chegada da estrada grande, não tinha donos; com o progresso, apareceram as cercas e os donos do latifúndio, responsáveis por tomar a terra da família e sujeitar seus membros à condição de lavradores meeiros. Alojadas em mocambos, as famílias que ali tentam sobreviver são retratadas, na maior parte do tempo, por meio do pátio que têm em comum.

Na favela, encontram-se na condição de *estacionárias* duas categorias básicas: a das trabalhadoras domésticas e a dos biscateiros. Na primeira, estão Clio e Joana, lavadeiras de roupas, e Eurídice, Melize e Amélia, jovens do lar. Como biscateiros, estão o compositor Negrão, o consertador de rádios Rui e o entregador de jornais Zemélio. Salvo uma ou outra cena, essas personagens são apresentadas na frente dos barracos, em local de conversação e encontro de moradores.

Na direção oposta dos que permanecem estacionados e relativamente adaptados à ordem coletiva, estão os indivíduos compelidos a migrar ou a esconder-se continuamente, caracterizando-se como subversivos ou incômodos à sociedade, já que eventualmente recorrem a atividades consideradas ilegais ou inadequadas. É o caso dos peregrinos, dos bandidos e das prostitutas, distribuídos nos três eixos espaciais. No grupo dos peregrinos, estão os retirantes nordestinos, os meeiros, o andarilho Orfeu e os sem-teto. Entre os criminosos, estão Severino do Aracaju e o Cangaceiro e os bandidos Pedro Mico e Gimba, na favela. O núcleo das prostitutas está representado por Mira de Tal, Aparecida, Guiô, Célia, Dilma e Leninha.

Ao se deslocarem para outros lugares, os peregrinos transgridem determinadas hierarquias espaciais, na medida em que tentam se estabelecer em ambientes onde não são necessariamente bem-vindos. O Severino é um indivíduo que representa a coletividade de desafortunados nordestinos, homens e mulheres, que migram em direção à cidade para não morrer de fome no sertão. Os lavradores de Jorge Andrade, da mesma forma, deslocam-se de fazenda em fazenda, após contínuas expulsões, uma vez que ninguém os deixa permanecer muito tempo em terras alheias. Os sem-teto de *A Invasão* também são caminhantes sem casa ou terra, compelidos a implorar por abrigo e trabalho. Lembre-se que Justino e sua família, inclusive, são oriundos do interior da Paraíba, representando a massa de retirantes nordestinos que chegaram à região Sudeste. Entretanto, a situação de total abandono e o descaso das autoridades os obrigam a invadir um prédio inacabado, capaz de fornecer um mínimo de proteção.

Já Orfeu, que também se enquadra na categoria dos peregrinos, desloca-se por questões íntimas que, embora ligadas à existência, não se originam nos conflitos econômicos. Fica implícito, de qualquer forma, que o sambista tem uma postura inadequada ao tentar buscar a sua amada no clube Maiorais do Inferno, reduto do centro da cidade. Não fosse a melodia de sua viola, Orfeu teria sido trucidado por Cérbero, o leão de chácara do clube. Ignorando-se o caráter mítico da peça e a leitura do clube como lugar sobrenatural, é possível perceber, ainda que subliminarmente, que os indivíduos do morro só serão aceitos na cidade se tiverem algo a oferecer, como a poesia, no caso. Não por coincidência, a favela começa a ser reconhecida, primeiramente no Brasil, a partir de uma visão romantizada, respaldada pela imagem do poeta-favelado boêmio, compositor de sambas criados em mesas de bar.

A dedução de que as personagens *migrantes*, classificadas como peregrinas, representam um desconforto ou ameaça ao tecido social fica evidente quando se observam as situações de violência a que estão sujeitas. Em *Morte e Vida Severina*, os donos do latifúndio estabelecem suas próprias leis, ameaçando e até mesmo eliminando os pequenos produtores indesejáveis, com a conivência ou omissão da polícia local, braço do Estado. Em *Vereda da Salvação*, a própria polícia, auxiliando os capangas da fazenda, participa da chacina dos meeiros. Em *A Invasão*, a polícia está igualmente a serviço da prevaricação do deputado Deodato. Isso nos leva a concluir que, no caso dos peregrinos, à exceção de *Orfeu da Conceição*, em que o conflito de classes não está evidenciado, as peças *Morte e Vida Severina*, *Vereda da Salvação* e *A Invasão* apresentam personagens desvalidas que, ao se deslocarem ou agirem em busca de condições dignas de existência, entram em conflito com parte da elite, que se aproveita da falta de instrução desse grupo, fazendo o possível para evitar a sua autonomia. A polícia, nas três peças, age no sentido de reprimir os desafortunados, diretamente ou através da omissão, mostrando-se claramente subserviente aos poderosos mandatários locais.

Pertencentes ao segundo tópico da categoria das personagens desvalidas *migrantes* estão os bandidos, temidos pela maior parte da sociedade. Enquanto os *migrantes* peregrinos são facilmente explorados ou expulsos pelas elites regionais, os fora da lei representam uma ameaça maior em relação à ordem social. É interessante observar como Severino do Aracaju, o Cangaceiro, Pedro Mico, Gimba e Tico criam o seu próprio código de ética, além de terem as suas ações de extermínio justificadas, de alguma forma, nos dramas. Severino do Aracaju e seu ajudante saem roubando e matando os indivíduos dos povoados nordestinos porque as suas respectivas famílias foram brutalmente assassinadas pela polícia, o que os deixou transtornados. Pedro Mico, na única vez em que matou um homem, o fez em defesa de mulheres que foram estupradas e mortas pelo algoz. Gimba, nas seis vezes em que assassinou alguém, agiu em legítima defesa. E Tico matou Gabiró para vingar-se pelo extermínio de Gimba, seu referencial de masculinidade.

Nas peças, os bandidos são retratados pela via do humor (*Auto da Compadecida*) ou pela via do heroísmo (*Pedro Mico* e *Gimba*), ficando explícito que eles também são vítimas da sociedade excludente. Isso não significa, contudo, que eles sejam apresentados como figuras absolutamente humanizadas, pois, como já comentado, estão vinculados ao estereótipo do malandro. Embora Gimba apresente maior densidade psicológica que Pedro Mico, os dois promovem uma visão idealizada e festiva do morro, em que a violência é justificada, na medida em que se pauta por um código moral paralelo ao da sociedade regrada[1]. No que tange às relações de gênero, Pedro

---

1   É curioso observar que enquanto a atuação dos bandidos do morro está relativamente sob controle, vê-se, no campo ficcional a partir da década de 1950, a heroicização da figura do bandido favelado, valorizado por sua capacidade ▶

Mico e Gimba vinculam-se a um paradigma machista, em que a agressividade contra as mulheres é vista como algo positivo, já que indicia a virilidade do agressor, aumentando seu poder de sedução.

Na terceira subdivisão das personagens *migrantes* estão as prostitutas, figuras que exercem uma função ambígua, pois ao mesmo tempo que denunciam a hipocrisia da sociedade, auxiliam na manutenção do modelo familiar burguês e engessado. Não por acaso, Giro afirma que "pra fazer papai-e-mamãe, os homens fazem na cama deles. Pra isso eles têm esposa"[2], sugerindo que cabe às prostitutas a prática do sexo não convencional. É como se os homens buscassem fora do lar o que não têm em casa, ação que vincula as garotas de programa ao paradigma da rua. O sexo vendido, feito mecanicamente segundo as preferências do comprador, por outro lado, descortina a coisificação da mulher pelo homem, dado embaraçoso em termos morais. Por representarem a sujeição feminina e o fracasso da monogamia burguesa, as prostitutas, no geral, são consideradas inadequadas e indesejáveis por grande parte da sociedade. Não poucas vezes são relegadas à clandestinidade, frequentemente escondidas no submundo do crime e silenciadas por outras instâncias sociais mais poderosas.

Nas peças, as garotas de programa caracterizam-se pela submissão em relação às figuras masculinas. Mira de Tal é espancada por Orfeu; sua atitude final, ao trucidar o herói, só é possível porque ela age em grupo, sem contar o fato de que o compositor, naquele momento, já está enfraquecido física e mentalmente. Aparecida segue as ordens de Pedro Mico como se tivesse sido contratada para ser sua companheira. Guiô demonstra fidelidade e sujeição a Gimba, que já lhe marcou a face com uma navalha. Célia, Dilma e Leninha, por sua vez, não conseguem livrar-se da relação de opressão que têm com o cafetão Giro, o dono do negócio.

▷ de sobreviver à margem, em condições desfavoráveis. O aumento da violência na favela e, sobretudo, fora dela, aliado à percepção de que o Estado não tem controle sobre a ação dos criminosos, gerou, na ficção, uma configuração inversa, em que o policial matador de bandidos passa a ser visto como herói, a exemplo do que ocorre no filme *Tropa de Elite*, de 2007, do cineasta José Padilha, grande sucesso de público.

2 P. Marcos, op. cit., p. 182.

Ademais, os textos deixam subentendido um deslocamento contínuo das meretrizes. Mira de Tal, antes visualizada nos arredores do barraco de Orfeu, migra para outro ambiente, o da Tendinha, no momento de sua iniciação na prostituição. Aparecida é oriunda do subúrbio carioca de Santíssimo; depois de trabalhar nas ruas de Ipanema, vai com Pedro Mico para o morro da Catacumba, ficando indicado, ao final, que o casal migrará para o Nordeste. Guiô, no período em que Gimba está escondido em São Paulo, vai "pra zona", desistindo, em seguida, dessa opção. Segundo informação de Negrão, no início da peça, sabe-se ainda que a mulata, após a morte do companheiro e o fracasso do plano de irem para o Mato Grosso, muda-se do barraco vizinho ao de Chica Maluca para local incerto. Na peça de Plínio Marcos, infere-se que Célia e Dilma estão há algum tempo trabalhando para Giro, mas já passaram por outros pontos de prostituição, tanto é que sabem que "sair da mão do Giro pra cair noutra, dá na mesma"[3]. Leninha, por seu turno, já foi babá em casa de família, além de ter exercido a prostituição em outros locais antes de chegar ao mocó de Giro.

Como vimos, a principal característica do grupo dos *estacionários* é que ele não representa uma ameaça aos demais setores da sociedade, mas, ao contrário, tende a realizar tarefas necessárias à manutenção do *status quo*. A turma dos *migrantes*, em oposição, é perturbadora da ordem, espécie de escória da sociedade, sempre a apontar os equívocos e as injustiças sociais.

Nesse sentido, é curioso observar que, para Darcy Ribeiro, a classe dos oprimidos é a única capaz de transgredir a segmentação econômica do país. O antropólogo destaca que, por serem, na maioria, analfabetos ou semianalfabetos, os indivíduos desse setor acabam entrando no sistema de exploração sem conseguir uma organização que lhes garanta qualquer tipo de reivindicação mais estruturada. Todavia, mesmo levando em conta a dificuldade de articulação, o autor acredita que a classe dos desafortunados é a potencial transformadora da sociedade, na medida em que ela luta para ingressar no sistema de produção e ter acesso ao mercado: "Na verdade, é a este último corpo, apesar da sua natureza inorgânica e cheia de antagonismos,

---

[3] Ibidem, p. 192.

que cabe o papel renovador da sociedade como combatente da causa de todos os outros explorados e oprimidos."[4]

Ribeiro destaca ainda que o setor dominante mantém-se no poder com o apoio dos que se encontram localizados logo abaixo na pirâmide. Assim, os setores intermediários geralmente funcionam como atenuadores e, raramente, como agravadores das tensões sociais, exercendo, na maior parte das vezes, a função de mantenedores da ordem; as classes subalternas, já devidamente sindicalizadas, tendem a "defender o que já têm e obter mais"[5]; já a classe marginalizada, em oposição aos demais setores, só tem a perspectiva de se integrar à sociedade através do rompimento da estrutura de classes.

Ponderando-se acerca das afirmações do antropólogo, é possível inferir que os desafortunados, nas peças, podem tanto colaborar com a ordem quanto contestá-la. Mas, em concordância com Ribeiro, vê-se que, de fato, os que sinalizam a emergência de mudanças sociais geralmente pertencem à classe dos oprimidos e, mais especificamente, à turma dos *migrantes*. Em contrapartida, o grupo dos *estacionários* tende a ratificar a estratificação social.

No eixo rural, a situação de miséria das personagens recebe uma aura de beatificação, já que ela é a mola propulsora para a ascensão espiritual dos desvalidos. Seguindo essa lógica, *Auto da Compadecida* e *Morte e Vida Severina* (entendida na perspectiva da peregrinação), remetem ao imaginário católico/cristão, reforçando o símbolo do miserável como alguém digno de uma compensação ou resposta metafísica. *Vereda da Salvação*, por sua vez, apresenta uma dura crítica às crenças religiosas, ficando evidente que a miséria não tem conotação positiva nem justificação transcendental, sendo fruto dos mecanismos de exploração do homem pelo homem. Nesse paradigma, a recompensa dos miseráveis através da redenção ou da promessa de salvação inexiste, sendo apenas uma construção cultural ilusória.

Se no eixo rural o sobrenatural acaba servindo como consolo ou explicação, ainda que ilusória, para a situação de miséria, o mesmo não ocorre na esfera da favela. Em *Orfeu da*

4 Op. cit., p. 210.
5 Ibidem.

Conceição, o contato com o outro mundo serve apenas para que o compositor, por meio da Dama Negra, reencontre Eurídice, nada tendo a ver com a situação econômica dos habitantes do morro. No caso de *Gota d'Água*, as invocações de Joana aos deuses apenas dimensionam o desamparo da protagonista diante do poder do capital, já que nenhuma energia oculta conspira a seu favor. No caso de *Pedro Mico*, a influência ancestral de Zumbi dos Palmares auxilia o bandido em sua fuga da polícia, mas não justifica a desigualdade social, pelo contrário, é uma evocação que incita à luta contra as injustiças raciais históricas. Já em *Gimba*, a impressão que se tem é que o outro mundo, personificado nos despachos de Chica Maluca, tem a função de respaldar o destino trágico do herói, deixando na dúvida se o seu extermínio pela polícia é consequência de uma sociedade excludente e violenta ou fruto de forças diabólicas que não devem ser invocadas, conforme recomendam os preceitos cristãos.

É evidente na representação dos desafortunados do morro a construção estereotipada das personagens. Vê-se que os textos não se preocupam em construir uma estética de origem negra, à semelhança do que propõe Abdias do Nascimento na peça *Sortilégio*, por exemplo. Os carismáticos heróis de *Orfeu*, *Pedro Mico* e *Gimba* afirmam-se como negros sem raízes, que reprovam a prática da macumba, elemento ao mesmo tempo religioso e mítico da cultura africana recorrente nas obras. Além de espirituosos, são também potenciais agressores de suas parceiras, o que não constitui motivo de queixas, mas de apreciação. Já em *Gota d'Água* não há menção a personagens negras, fato que evidencia a não preocupação em discutir identidades raciais ao representar a favela.

Isso destaca a fragilidade do mito da democracia racial brasileira. Assim, a ideia de que a formação do Brasil deu-se através de processos de miscigenação relativamente harmônicos, em que cada etnia contribuiu de forma positiva com seus legados culturais, é colocada em xeque quando se pensa no espaço concedido ao negro na sociedade e, mais especificamente, na dramaturgia. É interessante observar que Darcy Ribeiro, além de propor a taxonomia das classes sociais brasileiras, também comenta sobre o equívoco do mito da democracia racial.

Lembrando que o povo brasileiro surgiu efetivamente do cruzamento de uns poucos brancos com multidões de mulheres índias e negras, o antropólogo reitera que essa situação "não chega a configurar uma democracia racial, [...] tamanha é a carga de opressão, preconceito e discriminação antinegro que ela encerra"[6]. Nessa perspectiva, da mesma forma que parte da historiografia suavizou os mecanismos de violência implícitas na relação entre os senhores do engenho e seus escravos, a dramaturgia brasileira do século XX, por vezes, mascarou a questão, retratando personagens negras exóticas ou estereotipadas, dado que amenizou, na literatura dramática, a opressão histórica imposta aos indivíduos de origem africana.

Vê-se, então, que embora as quatro peças do eixo da favela tematizem o morro e seus habitantes, nenhuma delas se preocupou em explorar uma poética negra. O fato de atores brancos se pintarem de preto, nas estreias de *Pedro Mico* e *Gimba*, é apenas o reflexo de uma visão estilizada do cotidiano afro-brasileiro. A título de esclarecimento, cumpre lembrar que *Sortilégio*, de Abdias do Nascimento, embora não tenha protagonistas desvalidos, pauta-se pelo estudo de uma linguagem vinculada à cultura negra. Por essa razão, o ritual da macumba é visto sob a perspectiva do sagrado, na medida em que auxilia o protagonista, negro, em seu processo de autodescoberta. Além disso, a peça apresenta em detalhes a cerimônia do candomblé, fazendo alusão a vários orixás, através de uma linguagem repleta de expressões de origem africana.

Nas peças do centro urbano, por sua vez, não há nem a promessa de redenção pelo outro mundo nem a estereotipia do morro para suavizar a opressão da miséria. Sem o amparo do sobrenatural ou do estereótipo, as figuras desvalidas de *Quarto de Empregada*, *A Invasão* e *O Abajur Lilás* encontram-se num universo mais árido. E a confusão entre as instâncias dos espaços público e privado potencializa o embate entre as personagens. Como já mencionado, vê-se que as domésticas de *Quarto de Empregada*, os favelados de *A Invasão* e as garotas de programa de *O Abajur Lilás* estão privados da casa enquanto espaço de significação social. Além disso, salienta-se a problematização

---

6 Ibidem, p. 225-226.

da mulher de baixa renda, vista como mera força de trabalho, objeto sexual ou ambas as coisas, dependendo do caso.

Cabe destacar que, nas peças, a figura da prostituta não aparece no eixo rural, talvez devido à ênfase dada ao mundo espiritual. Nota-se que, na esfera do campo, a interferência do outro mundo é significativa, decrescendo na favela e quase inexistindo no centro urbano. Assim, o número de prostitutas nas peças, aumenta na mesma proporção em que a interferência do outro mundo diminui. Também chama a atenção a ausência de homossexuais desvalidos[7] no campo e na cidade.

A análise da ocupação espacial das personagens, divididas entre *estacionárias* (trabalhadoras domésticas e subempregados de vários tipos) e *migrantes* (peregrinos, bandidos e prostitutas), aponta que as primeiras tendem a ratificar as diferenças de classe, ao passo que as segundas, quando não transformam a ordem, inclinam-se ao menos para perturbá-la. Os modelos de atuação dos desafortunados, somados ao estudo do seu deslocamento ou imobilidade, nos levam a uma mesma conclusão: quer no eixo rural, na favela ou no centro urbano, as personagens miseráveis sofrem situações recorrentes de violência e estão privadas de um espaço digno de existência.

---

[7] Veja-se que Giro não pertence à classe dos oprimidos. *Navalha na Carne* (1967), de Plínio Marcos, nesse sentido, é uma das poucas peças a retratar a figura do homossexual pobre, por meio da personagem Veludo.

Bibliografia

ANDRADE, Jorge. *Marta, a Árvore e o Relógio*. São Paulo: Perspectiva, 1986.
BACHELARD, Gaston. *A Poética do Espaço*. São Paulo: Martins Fontes, 2008.
BÍBLIA SAGRADA. São Paulo: Ave-Maria, 1999.
BOURDIEU, Pierre. *A Economia das Trocas Simbólicas*. São Paulo: Perspectiva, 2007.
BUARQUE, Chico; PONTES, Paulo. *Gota d'Água*. Rio de Janeiro: Civilização Brasileira, 1976.
CALLADO, Antonio. *Pedro Mico*. Rio de Janeiro: Nova Fronteira, 2004.
CAMARGO, Joracy. *Deus Lhe Pague*. Lisboa: Livros do Brasil, [S.d.].
CANDIDO, Antonio. "Vereda da Salvação". In: ANDRADE, Jorge. *Marta, a Árvore e o Relógio*. São Paulo: Perspectiva, 1986.
CHEVALIER, Jean; GHEERBRANT, Alain. *Dicionário de Símbolos*. Rio de Janeiro: José Olympio, 2006.
DAMATTA, Roberto. *Carnavais, Malandros e Heróis: Para uma Sociologia do Dilema Brasileiro*. Rio de Janeiro: Zahar, 1980.
____. *A Casa e a Rua: Espaço, Cidadania, Mulher e Morte no Brasil*. Rio de Janeiro: Rocco, 1997.
DUTRA, Francis A. O Teatro de Dias Gomes: Consciência Social do Brasil. In: GOMES, Dias. *Coleção Dias Gomes 3: Os Caminhos da Revolução*. Rio de Janeiro: Bertrand, 1991.
FARIA, João Roberto. *O Teatro na Estante*. São Paulo: Ateliê, 1998.
FREIRE, Roberto. *Quarto de Empregada/Presépio na Vitrina*. São Paulo: Brasiliense, 1966.
GARCIA, Clóvis. Linguagem Livre, em "Abajur Lilás". *O Estado de S. Paulo*, São Paulo, 9 jul. 1980. Disponível em: <http://www.pliniomarcos.com>. Acesso em: 4 set. 2015.

GRIMAL, Pierre. *Dicionário da Mitologia Grega e Romana*. Rio de Janeiro: Bertrand, 2005.

GOMES, Dias. *Coleção Dias Gomes 3: Os Caminhos da Revolução – A Invasão, O Túnel, Amor em Campo Minado, Campeões do Mundo*. Rio de Janeiro: Bertrand, 1991.

GUARNIERI, Gianfrancesco. *Gimba: Presidente dos Valentes*. Rio de Janeiro: Serviço Nacional de Teatro, 1973.

GUILLEN, Isabel Cristina Martins. *Errantes da Selva: Histórias da Migração Nordestina Para a Amazônia*. 1999. Tese de doutorado, Departamento de História, Campinas, Unicamp, 1999.

GUZIK, Alberto. Crítica de Alberto Guzik a "Abajur Lilás", *Isto É*, 16 jul. 1980. Disponível em: <http://www.pliniomarcos.com>. Acesso em: 4 set. 2015.

MAESTRI, Mário. O Quarto Escuro da Sociedade Brasileira. *Caros Amigos*, São Paulo, ano IV, n. 38, maio 2000.

MAGALDI, Sábato. Revisão de Vereda. In: ANDRADE, Jorge. *Marta, a Árvore e o Relógio*. São Paulo: Perspectiva, 1986.

____. *Moderna Dramaturgia Brasileira*. São Paulo: Perspectiva, 1998.

____. Um Contundente Veredito Contra o Poder Ilegítimo. *O Estado de S. Paulo*, São Paulo, 19 jul. 1980. Disponível em: <http://www.pliniomarcos.com>. Acesso em: 4 set. 2015.

MAIA, Fred; CONTRERAS, Javier; PINHEIRO, Vinícius. *Plínio Marcos: A Crônica dos Que Não Têm Voz*. São Paulo: Boitempo, 2002.

MARCOS, Plínio. *O Abajur Lilás*. São Paulo: Global, 2003.

MARX, Warde. *Maria Della Costa: Seu Teatro, Sua Vida*. São Paulo: Imprensa Oficial, 2004.

MELO NETO, João Cabral de. *Morte e Vida Severina e Outros Poemas*. Rio de Janeiro: Objetiva, 2007.

MENDES, Miriam Garcia. *O Negro e o Teatro Brasileiro: Entre 1889 e 1982*. São Paulo/Rio de Janeiro/Brasília: Hucitec/Instituto Brasileiro de Artes e Cultura/Fundação Cultural Palmares, 1993.

MENDONÇA, Paulo. É Preciso Prestar Atenção. In: FREIRE, Roberto. *Quarto de Empregada/Presépio na Vitrina*. São Paulo: Brasiliense, 1966.

MICHALSKI, Yan; TROTTA, Rosyane. *Teatro e Estado: As Companhias Oficiais de Teatro no Brasil – História e Polêmica*. São Paulo/Rio de Janeiro: Hucitec/Instituto Brasileiro de Arte e Cultura, 1992.

MORAES, Vinicius de. *Orfeu da Conceição*. Rio de Janeiro: Dois Amigos, 1967.

MOREYRA, Alvaro. *Adão, Eva e Outros Membros da Família*. Porto Alegre: Instituto Estadual do Livro, 1990.

NASCIMENTO, Abdias do. Teatro Negro do Brasil: Uma Experiência Sócio-Racial. *Revista Civilização Brasileira*, Rio de Janeiro, caderno especial 2, jul. 1968. Teatro e Realidade Brasileira.

____. *Sortilégio II: Mistério Negro de Zumbi Redivivo*. Rio de Janeiro: Paz e Terra, 1979.

PACHECO, Tânia. O Teatro e o Poder. In: NOVAES, Adauto (org.). *Anos 70: Ainda Sob a Tempestade*. Rio de Janeiro: Aeroplano/Senac Rio, 2005.

PEREIRA, Victor Hugo Adler. A Lira e os Infernos da Exclusão – Orfeu no Brasil. Filologia. Disponível em: <http://www.filologia.org.br/>. Acesso em: 4 set. 2015.

POLAR, Antonio Cornejo. *O Condor Voa*. Belo Horizonte: Editora UFMG, 2000.

PRADO, Décio de Almeida. *Apresentação do Teatro Brasileiro Moderno: Crítica Teatral de 1947-1955*. 2. ed.. São Paulo: Perspectiva, 2001.
____. *Teatro em Progresso: Crítica Teatral (1955-1964)*. 2. ed. São Paulo: Perspectiva, 2002.
____. *O Teatro Brasileiro Moderno*. São Paulo: Perspectiva, 2008.
PROJETO de Lei n. 98-2003, de autoria de Ferando Gabeira. Disponível em: <http://www.camara.gov.br/sileg/integras/114091.pdf>. Acesso em: 4 set. 2015.
RANGEL, Flávio. Notícia Sobre Dias Gomes. In: GOMES, Dias. *Coleção Dias Gomes 3: Os Caminhos da Revolução*. Rio de Janeiro: Bertrand, 1991.
RIBEIRO, Darcy. *O Povo Brasileiro: A Formação e o Sentido do Brasil*. São Paulo: Companhia das Letras, 1995.
ROSENFELD, Anatol. A Obra de Dias Gomes. In: GOMES, Dias. *Coleção Dias Gomes 1: Os Heróis Vencidos*. Rio de Janeiro: Bertrand, 1989.
SAFFIOTI, Heleieth. Emprego Doméstico e Capitalismo. *Mulher Brasileira: Opressão e Exploração*. Rio de Janeiro: Achiamé, 1984.
SAID, Edward. *Reflexões Sobre o Exílio e Outros Ensaios*. São Paulo: Companhia das Letras, 2003.
____. *Representações do Intelectual: As Conferências Reith de 1993*. São Paulo: Companhia das Letras, 2005.
SCHWARZ, Roberto (org). *Os Pobres na Literatura Brasileira*. São Paulo: Brasiliense, 1983.
SIQUEIRA, José Rubens. *Viver de Teatro: Uma Biografia de Flávio Rangel*. São Paulo: Nova Alexandria, 1995.
SUASSUNA, Ariano. *Auto da Compadecida*. Rio de Janeiro: Agir, 2004.
VERÍSSIMO, Francisco S.; BITTAR, William S. *500 Anos da Casa no Brasil: As Transformações da Arquitetura e da Utilização do Espaço*. Rio de Janeiro: Ediouro, 1999.

Este livro foi impresso na cidade de Cotia,
nas oficinas da Meta Solutions, em julho de 2016,
para a Editora Perspectiva.